左手服务 右手销售

Selling In Customer Service

蔡利华◎著

铂金版

中国财富出版社

图书在版编目（CIP）数据

左手服务　右手销售：铂金版 / 蔡利华著．—北京：中国财富出版社，2016.9（2025.6 重印）

ISBN 978－7－5047－6263－4

Ⅰ.①左…　Ⅱ.①蔡…　Ⅲ.①销售服务　Ⅳ.①F719.0

中国版本图书馆 CIP 数据核字（2016）第 214783 号

策划编辑　杜　亮　　**责任编辑**　郑晓雯

责任印制　尚立业　苟　宁　　**责任校对**　梁　凡　张营营　　**责任发行**　董　倩

出版发行　中国财富出版社

社　　址　北京市丰台区南四环西路 188 号 5 区 20 楼　　**邮政编码**　100070

电　　话　010－52227588 转 2098（发行部）　010－52227588 转 321（总编室）

010－52227588 转 100（读者服务部）　010－52227588 转 305（质检部）

网　　址　http://www.cfpress.com.cn

经　　销　新华书店

印　　刷　宝蕾元仁浩（天津）印刷有限公司

书　　号　ISBN 978－7－5047－6263－4/F·2654

开　　本　710mm×1000mm　1/16　　**版　　次**　2016 年 9 月第 1 版

印　　张　13.5　　**印　　次**　2025 年 6 月第 7 次印刷

字　　数　214 千字　　**定　　价**　38.00 元

序言

十年前我开始在国内率先研究服务与销售的交叉互动，四年前我出版了国内第一本销售与服务衔接整合的书籍《左手服务，右手销售》，而现在服务与销售交叉整合的很多模型、方法、流程和技巧已经在实践中得到了大量的应用、落地、推广和生根。

2012年出版的《左手服务，右手销售》已经连续加印了好几次，但仍然供不应求，各大实体店和网上书店售罄，出版社库存告急。正当我和出版社协商是否需要再次加印时，我突然意识到是应该对书籍的内容进行适度调整和升级了。左思右想之后，我决定重新对书籍进行修正，推出《左手服务，右手销售》一书的铂金版。

的确，最近几年的培训和咨询经历让我对服务与销售的关系有了更深刻的认知。虽然出于核心知识版权保护的考虑，我无法把所有最新的模型和工具全部在这本铂金版中一一呈现，但我还是希望在新版书籍中适度地把我的最新体会、最新成就以及最新观点进行呈现和展示。

在本书第一版中我一直传递这样的观念：服务是销售的铺垫，销售是服务的结果。而在这本铂金版《左手服务，右手销售》中，我将进一步明确能对销售产生铺垫促进的服务必须具备服务帽、服务钩、服务衣和服务网四大效用。而在期望值驾驭等核心模块，我将把原先较为散乱的方法和技能，进一步归纳提炼成系统化套路和战术模型。

一本书得到热销是一种认可，一本书得到再版更是一种期待。这几年也有越来越多的咨询专家、培训专家、企业内部服务与销售管理专家，纷纷投入到服务与销售整合衔接这一创新领域的研究和实践中，这对我是一种激励，是一种鞭策，更是一种继续推进《左手服务，右手销售》套路升级的动力。

在当前的经济环境中，企业既要开源，也要节流；既要客户满意，也要降本增效。我认为服务和销售的整合衔接、相互转化，既是供给侧的修正，也是需求侧的满足，是一条值得推广的转型升级之路。

最后，祝福我的二女儿黄子凌健康成长，你的快乐是爸爸永远的幸福之源。

蔡利华
2016 年 5 月 20 日　上海

目录

第一章

服务流程与销售流程的有效整合

第一节　过度服务 VS[①] 过度销售

小王是一家银行的大堂接待员，除了服务营业厅的客户，解答客户的询问，维持现场秩序外，也兼带推销银行的信用卡。

小王服务客户非常尽心尽责。从客户进入营业大厅起，他便热情指引打招呼，并积极询问对方有什么需求，甚至主动递送饮用水。对于客户提出的问题，他总是以最快的时间去协调解决，在客户离开时，还主动问候送别。

小王服务客户用心、真诚。他的想法是以心换心，客户认可了他的服务，他的信用卡销量自然会提高。

小王觉得服务客户的时候，最好不要主动推荐信用卡，否则会引起客户的反感与抵触。因为大厅里放着信用卡的宣传广告和展台，客户如果有需要，肯定会找他的。

可是随着时间的推移，那些客户并没有主动地询问信用卡的办理。小王觉得可能时间没有到，只要等待，只要有耐心，客户迟早会支持他的。

可惜小王的信用卡销售成绩还是非常非常差，小王很郁闷，他难道做得还不够好吗？

---

① VS 指英文单词 Versus，翻译为对、对抗等。

由于小王销售信用卡的业绩实在太差，他被调到内勤岗位上，银行另安排了小李去替代他的工作。小李上任之初，一心想把信用卡的销量提升上去，当然他也知道服务客户是必要的。

他主动热情地与客户寒暄之后，就会主动地推荐信用卡，不断强调信用卡的好处。对似乎不感兴趣的客户，他会主动拿来登记表，不断催促他们填写。

有些客户就其他方面的问题来询问他，他敷衍一下后，也没有即刻帮助客户去尽心协调办理，而是推荐起信用卡来。

虽然小李在推销信用卡方面想尽了办法，但很多客户对他非常反感，甚至有人向高层投诉他。

小李在两个月里面，不仅信用卡销售业绩低迷，而且大堂服务工作让很多客户不满意，结果没有过试用期就被解雇了。

小李很伤心，我如此尽心工作，难道错了？

一、关于服务与销售的对比思考

小王和小李作为刚进入银行的年轻人，工作不可谓不努力，他们都从自身的理解出发，想尽自己所能，把这份工作做好。

若要先分析小王失败的原因，不难发现这是一个在服务客户上兢兢业业、一丝不苟的好员工，而且也非常容易判断他的工作价值观，那就是只要服务做好了，客户满意了，销售工作就自然水到渠成、开花结果了。在这一价值观的驱动下，小王一切工作以服务为先，以客户满意为前提，虽有销售指标在身，他却从不愿意向客户运用任何推荐、引导和说服的销售技巧。很显然，他在“等待”结果的出现。

然而让小王无论如何想不到的是，服务做得再好，销售结果却未同步跟上，这让小王深感郁闷。其实综观各个行业、各类企业，类似小王这样的情形可以说并不鲜见。

曾有一位500强服务型企业的CEO（首席执行官）这样说过：良好的服务与客户满意是一张未来可以兑现的支票。但事实是，很多时候这张支票无法兑现，或者要很长时间才能兑现，因此我们现在必须要研究一个很现实的问题：这张支票如何确保兑现，而且要快速兑现。

这位CEO的评论，也反映出目前很多在服务方面做得很出色的企业，开始对服务的真正目的，衡量服务优劣的真正标准等问题，进行反思与探索。

类似小王的故事屡见不鲜，而这样的故事至少能给广大服务人士六个方面的启发和深思：

1. 从时间跨度分析

良好的服务，从长远来看能带来相应的销售增长，但期待中水到渠成的销售结果，很可能因时间太久而不能产生短期效益。正如小王只有三个月的实习期来通过销售结果证明自己，只可惜他用心服务的效果需要更长时间才可能产生回报，小王很遗憾地“等不到那一天”了。在多变的经济环境下，在强大的竞争压力下，在善变的客户面前，无论是提供服务的企业还是个人，如果通过良好服务所创造的那张“支票”未能及时兑现，很有可能发生类似小王“等不到那一天”的莫大遗憾。

2. 从影响变量因素分析

决定客户再次购买或者提升购买数量的因素中，良好的服务只是其中之一，还有其他因素左右着客户的购买决定。类似小王这样的服务人士，往往相对“天真”和“一厢情愿”，认为服务做好了，客户满意了，销售结果自然就会产生了，这就等于把服务满意看作决定客户购买的唯一因素。在服务满意的基础上，如果不采取探询、跟进和引导等行动，那影响客户购买决定的其他因素就无法被识别、改变和解决，那服务满意就难以顺利转化成销售结果。

3. 从竞争角度分析

通过良好服务所产生的满意客户，也很有可能被竞争对手通过针对性的服务手段和促销策略夺走。客户的心态往往是“没有最好，只有更好”“多一个选择，多一份安全”。因此经常发生的现象是，当服务人士期待那些自认为

“服侍得妥帖满意”的客户投桃报李时，对方说不定已经“暗度陈仓”，和竞争对手签了合作之盟，而服务过程中创造的客户满意只是为他人做嫁衣之努力而已。

4. 从客户购买心理分析

对通过服务感受而产生满意的客户而言，服务中获得的满意感受未必会顺理成章地转化为购买欲望和冲动。著名的销售行为学家理查德·斯雷尔研究表明：99%的客户都是感性的，这就意味着客户的购买欲望和兴趣不应让它“很理性”地自然生长，而需要人为地去刺激和影响。

5. 从边际效益分析

服务过程中客户获得的满意体验与购买冲动会随着时间的推移而逐渐消退。也就是说，在服务过程结束前，服务人士的沟通、影响、引导，具有四两拨千斤的效果，所付出努力的边际效益最高；而时间长了，客户的满意感消退了，那服务人士要对客户进行影响和引导，难度就会大大增加，所付出努力的边际效益最低。

6. 从服务与销售的角色分析

很多优秀的服务者并不一定是优秀的销售者，这两个角色所需具备的理念、能力、素养、技巧和方法有很大的不同。小王以服务者的角色来看待销售角色，以为良好的服务和出色的销售是一回事，而结果证明，他并不是一个合格的销售者。大量实践案例表明，类似小王这样的“一流服务，三流销售”的“角色不平衡”现象在现实生活与工作中比比皆是。

而顶替小王工作的小李，似乎深刻感受到了前车之鉴和强大压力，一心想把信用卡销售工作做好，很明显他走向了另一个极端。小李丝毫没把时间浪费在和销售结果无关的服务琐事上，他在推荐时特别积极主动，而且他最怕夜长梦多，因此每次都会向潜在客户施加压力，令其当场做决定。

然而这样一个在销售岗位上勤奋、拼搏、富有韧性的年轻人，同样失败了，甚至败得更惨，不仅业绩没有做上去，而且招致客户的不满和投诉，惨遭解雇，其结局之窘更甚于小王。

小李的行为往往会让我们联想起经常接到的来自房产中介、保险公司等机构的来电，电话的那一头没有问候，没有寒暄，不问需求，不注重对方感受，从第一句话开始就如连珠炮似的推荐、蛊惑、说服，结果呢，被挂掉电话是家常便饭。

类似小李这样的销售行为非常普遍，他的经历至少能给人以下三个方面的启示：

1. 销售同样需要客户满意

很多人觉得销售就是结果导向，就是以赢得订单为最终目标，因而在追逐结果的过程中忽视了客户满意与客户感受。而脱离客户满意与客户感受的销售过程，往往会由于客户的反感和抗拒而导致失败。真正的营销高手，在推进销售的过程中，会始终关注客户的感受，尤其会关切客户的满意度，往往能实现兼顾客户购买与客户满意的双赢目标。

由此可见，销售工作与服务工作有一个共同的基础，那就是赢得客户的满意。

2. 销售同样需要服务配合

在实际工作中，销售与服务两者看似区别明显，本质上却未必真的泾渭分明。很多销售工作本质上就是一个服务的过程，而很多服务工作同时也带着销售的目的。

例如，很多大客户销售的过程往往是销售与服务交织在一起，密不可分；又如，很多面对面的消费者服务的过程，都隐藏着销售的动机和目标。

小李的销售行为之所以失败，原因之一就是他把销售与服务分得过开，过分重视销售而忽视服务，导致自己的销售努力因为缺乏服务的配合而失去客户的信任，最终失去客户。

3. 客户需要引导而非说服

传统的销售观点往往认为客户需要被施加压力，客户需要被说服。然而越来越多的范例表明，压迫性销售及说服性销售等销售方式越来越不被客户认可与接受。

一个习以为常的现象是，服务人员被更多地训练如何在沟通中迎合与巧妙引导客户，而销售人员则更多地学习如何有效地给客户施加压力，说服客户，让客户做决定。

而当说服客户变得越来越困难，当向客户施加压力反遭客户反感抗拒时，如何把服务行为中的迎合与引导技巧运用到销售行为中，则成为提升销售效果的重要途径。

二、过度服务与过度销售

小王与小李的故事，更引导出了两个在服务与销售领域备受关注的现象，即过度服务与过度销售，两者在追求目标和行为特征上有很大区分（见表1－1）。

表1－1　　过度服务与过度销售的区别

	过度服务	过度销售
追求目标	过度关注客户满意	过度关注销售结果
行为特征	在客户满意的基础上缺乏有效及时的销售跟进，导致服务中销售机会的浪费和错失	在客户还未充分满意的情况下，草率地进行购买说服和成交引导，导致服务过程中客户满意与信任的丧失

过度服务是指在服务过程中过度关注、迎合与满足客户的需求，并且在客户满意的基础上又缺乏有效及时的销售跟进，导致服务中销售机会的浪费和错失。简言之，就是服务过度，销售不足。不难发现，小李就是患了“过度服务综合征”。

过度销售是指在服务过程中过度关注销售结果，在客户还未充分满意和信任的情况下，急不可耐地进行产品推荐和成交引导，导致服务过程中客户满意与信任的丧失。简言之，就是销售过度，服务不足。不难发现，小李就是患了“过度销售综合征”。

在当前服务与销售领域有一个很多企业都在探索的趋势，那就是服务与销售的整合，把服务与销售有机地衔接在一起。

例如，越来越多的大客户经理正在接受系统的服务技巧培训，因为大客户开发与维护的过程，既是一个销售推进的过程，更是一个以良好的服务赢得信任的过程，服务与销售交织在一起，密不可分。

众多为最终顾客提供面对面服务的企业，都在研究如何防止服务过程中的“过度销售”或者“过度服务”，以确保服务人士能成为既懂服务又擅长销售的双面人才。

许多企业正在把售后服务部门变成销售的前哨和排头兵，通过良好的服务挖掘与引导客户进一步的需求，创造了客户更多的重复购买与转介绍，提升了企业在客户预算中的“口袋份额”。

更有企业让客户服务中心承载了服务与销售的双重功能，不管是售前的信息咨询还是售后的投诉处理，都在客户服务的过程中，挖掘客户更多的购买需求。

还有更多例子表明，越来越多的专业人士及企业，正在把服务与销售进行融合与整合，使两者实现有效互补，取长补短。

因此，探讨与研究如何平衡服务与销售两个不同角色，如何整合服务流程与销售流程，不仅是一种前沿的探索，更具有现实的指导价值。

为便于定义和统一称谓，我们把与客户直接沟通和提供服务的各类人士，不论是直接面对客户的服务员，还是企业的售后工程师；不论是呼叫中心的客服人员，还是面向企业客户的大客户经理等，统一称为“服务人士”。

第二节　成为全脑型的服务与销售专家

一、服务和销售的定义

究竟什么是服务？什么是销售？两者的差别到底在哪里？如果要对服务

与销售的定义展开讨论的话，那些教科书上常见的服务定义与销售定义，未必能一针见血地点出服务与销售的异同点。

在具体的服务过程中，为了更精准地判断分析自己所扮演的角色，为了更清晰地分析服务技巧与销售技巧的平衡运用，为了更有效地从服务过程向销售过程过渡，服务人士必须从实际操作的角度，对服务与销售的定义，进行操作性更强的提炼和归纳。以下是一个常见的服务接待的情景，可以很好地解剖服务与销售的差别。

服务员："欢迎光临，先生您好，感谢您的莅临，有什么我可以帮到您的吗?"

客户："我就等个人，找个位置先坐一下。"

服务员："好的，没问题。您坐靠窗的位置吧，这里可以看到沿河的风景。"

客户："谢谢!"

(3 分钟后)

服务员："您先喝杯水，请问您要先点些什么吗?"(微笑)

客户："暂时不用了，等朋友来了再说。"

服务员："好的，没问题，有什么需要按这个服务铃就行。"(微笑)

(5 分钟后)

服务员："先生，这里有今天的报纸，您看需要吗?"(微笑)

客户："谢谢，给我一份今天的《中国经营报》吧。"(略显惊讶)

服务员："好的，一看您就是个成功的财经人士，等会我再拿几本最新财经类的杂志给您。"

客户："谢谢，谢谢!"(有些诧异)

服务员："这是我们应该做的，到时候需要点什么，您按下服务铃就行，我随叫随到。"(微笑)

客户："你先给我来一杯奶茶吧。"

这一常见的场景中，服务员首先扮演了服务者的角色，积极主动地问候和接待客户，为客户引领最好的位置和提供免费的茶水，这些都是通过良好服务迎合客户需求的过程。

随后，服务员在客户没有明确需要和期望的前提下，意想不到地提供了报纸和杂志，这让客户有些诧异和不好意思。最后，服务员抓住客户心理变化的瞬间，引导性地暗示“到时候需要点什么，您按下服务铃就行，我随叫随到”。这时候，客户不由自主地改变了初衷，决定点一杯奶茶。服务员改变了客户的态度和想法，成功地扮演了销售者的角色。

这一简短的沟通过程，却非常清晰地展示了服务者与销售者两个不同的角色，也引出服务与销售更具实践意义的定义（见图1－1）。

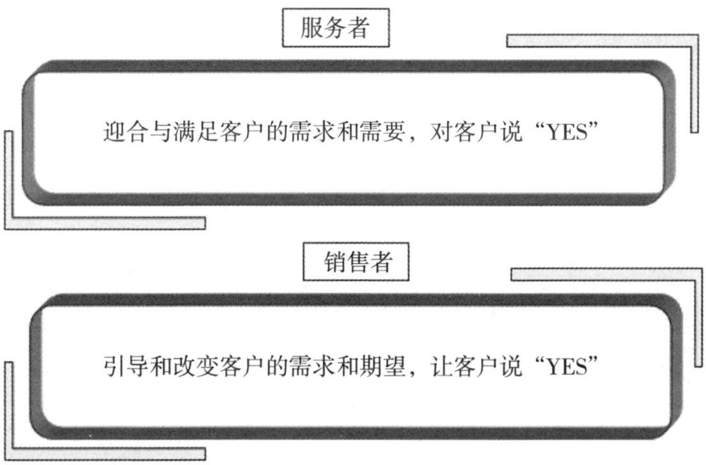

图1－1　服务与销售的定义

从实践角度，我们可以把服务定义成“迎合与满足客户的需求和需要”。简而言之，就是对客户说“YES（是）”，具体可以表现为迎合、提供、满足、附和及问题解决、解答、回应等具体行为。

同样，我们可以把销售定义成“引导和改变客户的需求和期望”。简言之，就是让客户说“YES”，具体可以表现为引导、激发、转移、附加价值、专业推荐等具体行为。

工程师：“陈总，设备我调试过了，没有任何问题，请放心。”

客户："谢谢你，对了，能麻烦你花半小时给我们的工作人员讲解一下设备的使用须知吗?"

工程师："绝对没有问题，那是我的荣幸，非常乐意能帮到陈总您，您看什么时候方便我再次过来?"

客户："下周三下午两点吧。"

工程师："好的，一定准时到。对了陈总，之前和您提过能大大提升主设备运行效率的配套设备的相关资料，下周三我也带来给您参考一下，可以吗?"

客户："当然可以啊，到时候你也一起给大家介绍一下。"

显而易见，这个售后服务工程师同时扮演了两个不同的角色，首先他对陈总的需求进行了"YES"型的回应，尽量去迎合与满足对方的需求，扮演了服务者的角色。接下来他又引导客户倾听他对"配套产品"的介绍，让客户说"YES"，实质上就是扮演了销售者的角色。

二、服务与销售中的左右脑能力

通常，我们对人类左脑与右脑的基本认知，主要停留在左脑偏理性以及右脑偏感性的层面。而事实上，服务人士的左脑以及右脑在服务及销售过程中，具体呈现出来的技能各不相同（见图 1 – 2)。

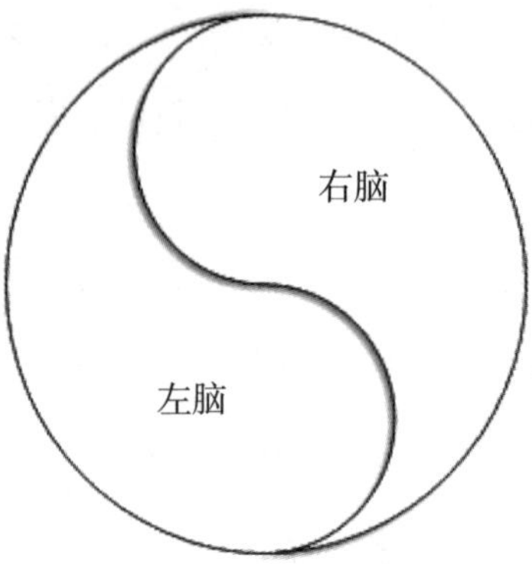

图 1 – 2　左脑与右脑

（1）左脑能力。服务人士的左脑能力运用在服务或者销售中，往往扮演着“专家”或者“顾问”的角色。左脑能力强的服务人士往往更能赢得客户的信任，让客户更有安全感，更能赢得客户在专业上的认可。

（2）右脑能力。服务人士的右脑能力运用在服务或者销售中，通常扮演着“朋友”或者“亲人”的角色。右脑能力强的服务人士往往更能赢得客户的好感，让客户更有亲切感，更能赢得客户在人际交往上的认可。

服务人士的左右脑能力分别体现在服务与销售中，主要有如下具体的表现（见表1－2）。

表1－2　　左右脑能力体现

左脑能力	右脑能力
在服务或者销售过程中的 ·逻辑能力 ·推理能力 ·有效陈述表达一个具体事物的能力 ·表达中的条理性 ·语言的结构性 ·观点的严谨性 ·专业知识熟练程度 ·问题的解剖分析能力 ·对客户需求的理解能力 ·归纳及演绎能力 ·数字的运用能力 ·对细节的关注 ·通过论据论证一个观点的能力	在服务或者销售过程中的 ·洞察客户心思的能力 ·察言观色的能力 ·表达中的渲染力 ·表达中的节奏把握能力 ·讲故事能力 ·激发兴趣的能力 ·沟通气氛营造能力 ·遇到难题时的迂回能力 ·机会的快速捕捉能力 ·对客户偏好及需求的敏感性 ·对客户情绪的敏感性 ·创造性思维能力 ·自我情绪的控制能力

在服务中迎合客户需求的环节，如果服务人士的左脑能力弱，则客户会感到“不专业”；如果服务人士的右脑能力弱，则客户会感到“不亲切”。

在销售推荐和需求引导的环节，如果服务人士的左脑能力弱，则客户会感到“不可信”；如果服务人士的右脑能力弱，则客户会感到“不舒适”。

因此，一个优秀的服务人士应该是全脑型的，既要有高超的左脑能力，又要有高超的右脑能力，只有左右脑能力均衡发展，才能更好地迎合与引导客户（见图1－3）。

	服务迎合	销售引导
左脑弱	不专业	不可信
右脑弱	不亲切	不舒适

图1-3　左右脑无法均衡发展所带来的问题

第三节　服务流程与销售流程的对比分析

一、标准的服务流程

通常，标准的服务流程可以分成四个基本的步骤：接待客户、理解需求、提供帮助、维护客户（见图1-4）。

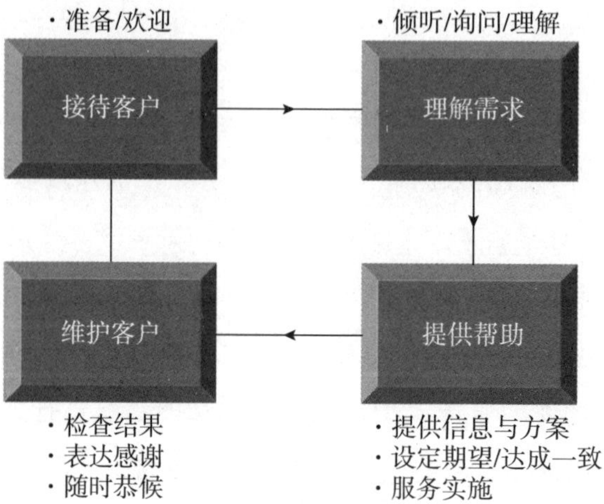

图1-4　标准的服务流程

1. 接待客户

接待客户是服务的第一步。在这一步骤中特别需要树立良好的第一印象，并且在服务接待上做好充足的准备，这些准备要考虑到客户在信息、环境和情感上的需求。据调查显示，很多客户的不满和抱怨，往往并不是服务质量出现什么问题，也并非服务人士有什么做得不到位的地方，而是服务人士在接待阶段没有给客户留下良好的第一印象，没有针对客户对信息、环境和情感方面的需求做好充足的准备。

2. 理解需求

理解需求是服务过程中非常重要的一步。在这一步骤中，服务人士通过倾听和询问来把握客户需求的方向和重点。这一步骤中有三个非常关键的行为，即听、问、复。听即倾听，服务人士特别需要学会倾听客户的弦外之音；问即询问，服务人士尤其需要通过询问挖掘客户不愿意表达的服务需求；复即复述，即服务人士通过复述事实来对客户需求进行提醒和确认。

事实表明，服务中的许多冲突和矛盾并非来自服务人士不能提供客户需要的服务，而在于服务人士不理解客户究竟需要怎样的服务。

3. 提供帮助

提供帮助阶段有三个环环相扣的步骤，服务人士首先提供信息与方案让客户选择，其次需要对客户的期望进行设定并与之达成一致，最后实施与提供双方承诺一致的服务行为。这些步骤中尤为关键的环节是客户期望值的设定与管理，要对客户不合理的期望进行合理引导，以便双方对服务内容达成一致。能否在提供帮助阶段合理地引导与管理客户的期望值，成为衡量一位服务人士水平与能力最重要的标志之一。

4. 维护客户

在服务过程的最后，还需要对客户关系进行进一步维护。服务人士首先要检查结果，即询问客户是否对服务满意，还需要什么样的帮助。因此，一名真正职业化的服务代表，他在结束一次服务之后都会这样跟客户说，您看还有什么需要我为您做的吗？

其次，服务人士还需要对客户表达诚挚的感谢，以真诚的感谢在客户心中留下美好的印象。

最后的步骤叫“随时恭候”，就是提醒客户，下次有类似需要可以随时来找自己，自己愿意提供最好的服务。“随时恭候”其实是为下次的合作和长远的合作进行的铺垫。

二、标准的销售流程

通常标准的销售流程可以分成五个基本的步骤，那即是开场寒暄、需求探询、呈现利益、处理异议以及促成销售（见图 1 –5）。

1. 开场寒暄

开场寒暄的主要目的是建立良好的沟通氛围，销售人士特别需要通过“心理破冰”来打破陌生感和紧张氛围。开场的方式有开门见山式、赞美式、好奇式、热情式（寒暄）、请求式等多种，目的是建立和谐、正面、愉快的气氛，为进入主题创造充足的时间与进行有利的铺垫。开场寒暄阶段最需要回避的是冗长、沉默、负面、目的不清、恶劣经历、时间仓促，等等。

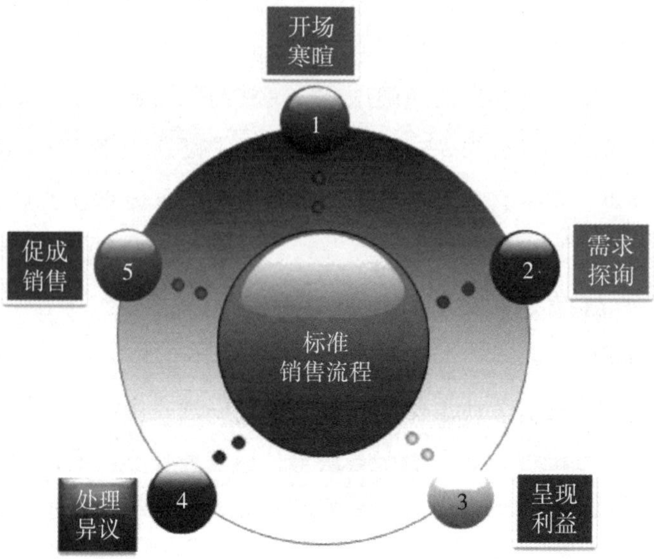

图 1 –5　标准的销售流程

2. 需求探询

需求探询主要是通过探询式提问来收集信息，发现需求，整理思路，促进参与。这个阶段最重要的技巧是探询式问题的运用。开放式问题与封闭式问题要组合运用，并且要学会做一个高效的倾听者，能听出客户话语中隐含的需求和情绪。

在需求探询阶段，有两类问题是绝对需要回避的：一是不能问很容易让客户说“NO（不）”的问题，这类问题被称为自杀性问题，很容易让会谈陷入僵局；二是不能问让客户难以回答、很有压力的问题，这类问题被称为压迫式问题，很容易导致客户的抗拒与反感。

3. 呈现利益

呈现利益就是在基本掌握了客户的需求之后，针对性地把产品与服务的特点、利益以及能给客户带来的价值向客户一一呈现。在这个阶段，销售人士不仅需要介绍产品或解决方法的特点，介绍这些特点而带来的功能和效用，更要为客户介绍这些优点带来的利益。在这里，销售人员应记住，客户始终是因你所提供的产品和服务能给他们带来利益，而不是因对你的产品和服务本身感兴趣而购买。

4. 处理异议

处理异议时，销售人士需要对客户提出的各种怀疑、不同意见甚至负面评价进行回应。处理异议是否成功，直接决定了整个销售流程是前功尽弃还是成果可期。

处理异议既需要销售人士通过左脑技巧的解答、解释、分析、举例、论证进行正面回应，也需要销售人士发挥右脑能力对客户进行心理软化、情感共鸣等迂回和旁敲侧击。

5. 促成销售

在销售流程的最后阶段，销售人士需要趁热打铁，通过各种成交技巧和手段，把客户的意向转变成购买行为。销售人士会主动建议下一步行动来引导客户和带动客户达成一致。在这一阶段，是否运用了恰当的成交技巧会对最终的结果产生重大影响，不合适的成交技巧很可能让前期的销售努力功亏一篑！

三、服务流程与销售流程的有效整合

如果要在服务的流程中，有效地整合销售流程，让服务过程向销售过程顺利过渡、流畅衔接，就必须对服务流程与销售流程的各个关键环节进行分析，而绝对不是把两个流程不加改变地硬性钩挂在一起。

服务流程与销售流程中可以合并的行为与动作，完全可以一个步骤完成，兼顾服务与销售的双重功能。

而服务流程与销售流程的整合，更需要对两个流程中相互冲突的环节进行修正和改善，以真正收到“1+1>2”的效果。

1. 服务流程与销售流程可以共享的步骤

服务流程与销售流程有两大步骤是可以共享的，一个是服务中的客户接待与销售中的开场寒暄，另一个是服务中的理解需求和销售中的需求探询。

当两个流程衔接在一起，把服务流程与销售流程有效整合时，第一个步骤同样也是良好的接待与寒暄，同样需要特别出色的“破冰”效果，赢得美好的第一印象。

而服务中的理解需求和销售中的需求探询，也可以通过一个步骤来分享。不过这个时候的需求探询，具有双重功能，既要理解客户对服务的基本需求，也要对客户潜在的购买需求进行判断和分析。

2. 服务流程切换到销售流程的时机把握

通常销售流程的步步推进，都需要销售人员主动迅速地引导甚至给客户施加压力。而服务流程是否适合转到销售流程，何时转到销售流程，则取决于服务是否取得客户的满意，是否获得客户的信任。否则，盲目地从服务强行切换到销售，反而会引起客户的厌恶和不满。

因此，和传统销售流程主张想方设法主动推进成交不同，服务过程中向销售行为的过渡，则需要根据客户好感与信任程度选择最恰当的时机，既不能拖泥带水，也不能操之过急。

3. 服务流程转到销售流程中的优化

从服务行为过渡到销售行为，与通常的销售流程有所不同，服务中的销售过程需要在以下几个环节进行修正和优化：

（1）探询需求。服务过程中客户需求的探询，不能问大量探询式的问题，否则会导致客户疑虑和不安。需求探询的任务，主要靠服务中的倾听、判断、分析等来完成。即使问探询式的问题，也一定要注意形式、角度、语气等。

（2）呈现利益。在这个阶段，服务人士必须重视客户可能的反感和反抗。服务人士一定要以“服务”的角度呈现利益，不是推荐产品，而是提出帮助性建议，将产品推荐隐蔽性地包含在服务建议中。

（3）异议处理。在销售流程中，最大的障碍在于克服客户对销售的抵触和习惯性的异议。而在服务过程中，客户对服务人士的抵触要比对销售人员小得多。在成功地实施了接待、理解、帮助等服务行为，获得客户的满意和信任后，服务人士就可以适时切换到销售角色，这种基于服务满意基础上的引导与推荐的接受程度更大，产生异议的可能性更小。

（4）促成销售。传统销售流程中的成交阶段，在服务与销售的整合流程中，更需要注重“柔性”，避免“刚性”，要避免因为过度注重销售结果而失去客户满意。在服务过程中，真正成功的成交，应该是既注重销售结果，又注重客户满意的。

第四节　服务中销售的六步方程式

服务流程与销售流程的衔接，并非简单相加，而是功能上的整合，更是希望能收到“1+1>2”的效应。以销售为目的的服务和传统的服务相比，肯定会在关键步骤与行为上有所差别。而基于服务的销售，与传统销售相比，更会在手段、技巧、动作、顺序等方面体现出很大的不同。

根据之前对服务流程和销售流程的对比分析，任何做服务的人士可以创新地把两个流程有机地整合在一起，从而构成服务中销售的六步方程式。

这一方程式体现了从服务顺利向销售过渡的六大基本步骤（见图1－6），每个步骤都为下一个步骤提供了铺垫，每个步骤各具功能，相互之间又环环相扣。

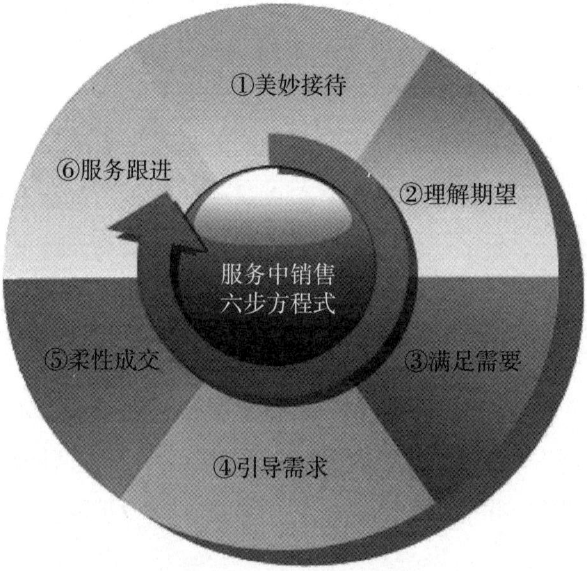

图1－6 六步方程式

一、服务中销售方程式的六大步骤

1. 步骤一：美妙接待

这一步骤不仅为服务过程中客户满意度奠定了基调，也在很大程度上决定了服务人士对客户进行需求引导和产品推荐的难易程度。在服务与销售中特别要关注“第一印象”效应，良好的第一印象能让服务和销售的过程高屋建瓴，一路绿灯；反之，不好的第一印象会让后面的步骤如逆水行舟，举步维艰（见表1－3）。

表 1－3　　　　**步骤一：美妙接待**

关键目标	· 通过留下美好的第一印象，建立足够的既亲和又专业的形象，通过寒暄与问候完成与客户之间心理上的“破冰”，为接下来的服务与销售过程营造轻松愉快的氛围
关键动作	· 服务预备：最佳的形象，最好的精神面貌，微笑的表情，最好的情绪来迎接客户。 · 打招呼：给客户最合适的称谓，通过一句打招呼释放服务人士对客户的礼貌、尊重、认可与情感沟通，美好的服务从打招呼开始。 · 寒暄与问候：在这个环节要尽可能展示服务人士的亲和力，综合运用感谢、赞美等技巧，赢得客户的好感，消除彼此的陌生与紧张。 · 察言观色：对客户的行为特征通过外在表现加以初步识别，以便不同类别的客户采用不同的应对方式
主要能力	· 职业化的形象塑造。 · 微笑地传递热情的技巧。 · 打招呼的技巧。 · 嘘寒问暖的技巧。 · 赞美与感谢技巧。 · 寻找共同点的技巧
常见问题	· 冷漠不主动。 · 过度热情，没有掌握合适的距离和分寸。 · 形象举止不注重细节，不够专业。 · 严肃死板，不懂得嘘寒问暖

2. 步骤二：理解期望

在服务中销售的方程式中，理解期望这一步骤包含着一些基本特点（见表 1－4）和如下两个层面：

（1）第一层面是客户对现有服务的期望和要求。这一层次又可分成两个方面，即有形需求（服务的内容）和情感需求（客户的感受）。众多服务人士往往能识别客户的有形需求，即客户需要什么样的服务内容，却难以判断客户的情感需求，即客户需要什么样的感受。在理解期望的过程中，特别需要服务人士对客户的表达进行情感互动。

表 1－4　步骤二：理解期望

关键目标	·通过观察，倾听与适当询问，准确地理解客户对服务的需求与期望，在情感上对客户的需求表达认可与关心，同时诊断与发现客户潜在的购买需求
关键动作	·观察：通过对客户表情与肢体语言和习惯动作的观察，更好地理解客户的话外之音以及客户的性格特点及行为习惯。 ·倾听：有些客户是直来直去的，有些客户是话里有话的，最高境界的倾听需要让服务人士识别客户的弦外之音。通过倾听，服务人士需要了解客户对现有服务的需求以及可能的潜在购买需求。 ·询问：服务人士通过询问来挖掘与确认客户的需求，适当的关切式的询问能帮助服务人士更好地理解客户，更好地加以判断与分析。 ·复述：优秀的服务人士总习惯在倾听时复述客户的话语，一方面能让客户倍感尊重和认可，另一方面能确认细节，以便更明确清晰地理解客户期望。 ·情感添加：在理解期望阶段，特别需要服务人士运用同理心进行情感添加，充分迎合客户在心理上和情感上的需求，这往往是很多服务人士所缺乏的
主要能力	·倾听弦外之音的能力。 ·对客户的行为习惯进行观察判断的能力。 ·通过询问确认细节的能力。 ·在倾听中对客户的话语归纳总结的能力。 ·同理心技巧
常见问题	·只会倾听客户对服务的需求，不懂得识别客户潜在的购买需求。 ·只会识别客户对服务内容的需求，不懂得识别客户对情感的心理需求。 ·在探寻客户期望与需求时，不懂得提问技巧，问题太直接而不含蓄，让客户感到不舒服。 ·在理解客户期望时不习惯与客户进行情感交流和情感互动，往往过于就事论事

（2）第二层面是初步通过客户的外在表现与言语表达，分析客户的潜在购买需求和接下来可行的引导方式，为服务向销售过渡收集必要的信息。但因为这一步骤尚处于服务的初期，所以服务人士不能问太多目的性很强的需求探询问题，而应主要通过倾听观察来判断分析。

3. 步骤三：满足需要

在服务中满足客户需要这一阶段，关键是通过良好的服务实现客户满意，赢得客户信任（见表 1－5），从而为接下来服务向销售流程的转化打下坚实基础。

表 1－5　　　　　　　　步骤三：满足需要

关键目标	·通过客户期望值的设定，以及良好的服务体验达到或超越客户的期望，实现客户满意，赢得客户信任，为从服务向销售过渡做好准备
关键动作	·客户期望值的降低：通过改变客户的逻辑思考，改变客户的信息认知，转移客户的关注焦点等方式降低客户对服务的期望。 ·与客户达成一致：为客户提供解决方案，通过良好的沟通与客户达成一致。必要的时候给客户提供备选方案以供客户选择，增加达成一致的可能性。 ·客户期望的满足：通过服务的提供来满足客户的期望，在满足客户期望的时候要关注三个维度，即既要提供客户想要的结果，又要展示让客户放心的服务过程，更要在情感上迎合客户的心理需要。 ·客户期望的超越：在条件许可的前提下，想方设法去超越客户的期望。超越客户期望的目的是给客户制造惊喜和感动，以为接下来向客户购买需求的引导奠定客户关系基础。超越客户期望不能过度，适可而止。优秀的服务人士总善于通过制造小意外、制造悬念等不增加很大的额外成本的方式来超越客户的期望值
主要能力	·降低客户期望的能力。 ·客户抱怨与不满的处理能力。 ·为客户设计与提供解决方案的能力。 ·服务中通过创意的做法制造惊喜的能力。 ·快速高效兑现服务承诺的执行力
常见问题	·过度迎合客户的期望，被客户牵着鼻子走。 ·不善于和客户就期望值达成共识，引发与客户的冲突。 ·为超越客户期望而不计成本，为客户提供大量无偿服务，因而降低了激发客户有偿购买的欲望和可能性。 ·给客户承诺的多，兑现的少，导致客户的不满和信任丧失

这一步骤包含了两个关键点：

（1）设定客户的期望值并与客户达成一致。因为客户的期望很可能是服务人士不能满足与迎合的，即不合理的和过度的需求。服务人士不可能做到客户需要什么就满足什么，而是应通过良好的沟通，就自己能提供什么及不能提供什么与客户达成一致。在设定期望值阶段特别重要的技巧是降低客户期望值，因为客户期望值降得越低，满足及超越客户期望越容易。

（2）通过服务的提供兑现所承诺的服务内容，满足并超越客户期望。在兑现服务承诺时，要注意为了接下来的客户购买需求的引导，服务过程中超越客户期望不能过度，而要适度。

4. 步骤四：引导需求

方程式的第三步满足需求到第四步引导需求的过渡，其实就是从服务向销售的成功转化。满足需求阶段服务人士通过良好的服务体验赢得了客户的好感与信任，接下来服务人士就要在客户信任的基础上激发与引导客户新的购买需求（见表1-6）。

表1-6　步骤四：引导需求

关键目标	·在前期服务获得客户信任的基础上，进一步提升客户的期望值，引导客户新的购买需求，激发客户的购买欲望，并把客户新的期望与购买欲望与自身能提供的产品与服务结合在一起
关键动作	·客户期望值的再提升：用服务的口吻，以关心的方式，去激发、引导与提升客户某一方面的期望值。 ·客户期望值与新的购买需求结合：把客户被提升的期望值引导到有偿的购买行为，而不是激发客户对无偿服务更高的期望。 ·新的购买需求与可提供产品（服务）相结合：把客户被成功引导的购买需求与自身能提供的产品或者服务结合，绝对不能把客户的购买需求引导到自身不能满足的领域与方向。在推荐自身产品与服务时，既要注意隐蔽性，更需要很强的价值归纳能力
主要能力	·客户期望与需求的敏锐捕捉能力。 ·运用同理心进行需求引导的能力。 ·运用各种角度把客户需求与自身产品自然结合的能力。 ·对所推荐产品与服务的价值归纳能力
常见问题	·只注重客户对现有服务的满意，而没有再次提升与激发其新需求的意识和习惯。 ·不能把客户期望值的提升，与客户的购买行为有效结合，反而增加了客户对无偿服务的更高要求。 ·在客户产生购买兴趣后，不会有效呈现所推荐产品与服务的价值。 ·不懂得如何把客户的购买欲望巧妙地与自身的产品与服务结合，在推荐自身的产品与服务时过于直露，目的性过强，缺乏隐蔽性

（1）客户的期望值在得到满足后，新的期望值将被再次提升，只不过新期望值的满足将和服务人士所希望推荐的产品或者服务的购买紧密联系在一起。

（2）在引导需求这个阶段，特别要注意三个原则，即确保需求引导的时效性、隐蔽性和适合性。时效性是指客户需求引导的时机很重要，既不能过急，又不能过于拖延；隐蔽性是指客户需求引导不能太直接，不能目的性过强，而应把销售的目的用服务的语言表达出来；而适合性是指服务人士的产品与服务的推荐应基本吻合客户的需求，不能偏离太远。

5. 步骤五：柔性成交

方程式的第五步之所以被称为柔性成交，除了一些基本特点外（见表1－7），主要有两大特征。

表1－7　　步骤五：柔性成交

关键目标	·在客户的购买需求被有效激发的前提下，运用客户更能接受、隐蔽性更强的柔性成交策略来促成客户的购买行为
关键动作	·运用柔性成交技巧促成购买：根据不同行为特征的客户，运用不同的柔性成交技巧，引导客户做出购买决定。在这个阶段，除非情况特殊，尽可能少用压迫式成交等容易造成客户反感的成交技巧。 ·根据客户的态度决定进退策略：在服务中销售方程式的柔性成交阶段，不提倡为了实现当场的成交而以牺牲客户关系和客户满意为代价，在成交引导之后，要视客户态度决定是继续成交引导还是以退为进，是把促成客户购买的任务在本次服务中完成还是留待下次
主要能力	·针对不同类型客户运用不同成交技巧的能力。 ·成交过程中观察判断客户态度与倾向性的能力。 ·判断本次成交时机成熟与否的决断力。 ·在成交时对各种可能情况的预见能力。 ·在成交时缓和客户压力以及调节气氛的能力
常见问题	·过度注重成交结果，目的性太强，缺乏隐蔽性，导致客户反感。 ·在成交阶段不会根据不同类型的客户运用不同的成交策略，千篇一律。 ·在成交阶段遇到一些抵触时，不懂得及时缓解客户压力，缓和气氛。 ·在成交时不擅察言观色、判断分析时机的成熟性。往往在时机成熟的情况下轻易放弃，在时机不成熟的情况下却一味执着

（1）常规的销售流程中，当销售人士向客户推荐了产品与服务，并介绍了相关的特征、利益与价值后，整个销售流程将进入异议处理阶段，只有异议处理好了，才有可能实现成交。这是因为在销售流程中，如果没有服务的

铺垫，客户对销售人士没有积累足够信任，因此客户有很多异议会提出，双方会在很多问题上你来我往，各抒己见，容易引发摩擦与冲突。而在服务中销售的方程式中，由于前三步的服务已奠定了足够的好感与信任，因而在成交阶段客户的异议会大大减少，客户对服务人士引导与建议的认可度会大大增加，双方的关系在成交阶段会比较融洽与互信，服务人士在成交建议时遇到的阻力会小很多，因此称为柔性成交。

（2）常规的销售过程往往以销售结果作为衡量成败的唯一标准，因而在成交阶段销售人士往往忽略客户感受，运用各种策略向客户施加压力，我们称之为刚性成交；而服务中销售方程式不仅注重成交结果，也同时关注客户的感受和客户满意度，因而在成交阶段会特别注重所运用成交技巧的隐蔽性和适合性，我们称之为柔性成交。

6. 步骤六：服务跟进

方程式的最后一步之所以被称为服务跟进，其目的是加强与维护客户关系，缓解前面的销售步骤产生的压力和紧张，并为下次的合作奠定关系基础（见表 1－8）。这个步骤其实又从销售过渡回到服务，步骤六可能会遇到两种不同的情况：

表 1－8　步骤六：服务跟进

关键目标	在成交引导之后，通过感谢、道歉、赞美等各种关系润滑的技巧，修复和维护与客户的良好关系，并为下次合作奠定基础
关键动作	·关系润滑：再隐蔽的成交引导，也会给客户制造一定的压力，或许还会引发客户的不满和反感，因此服务人士需要通过各类关系润滑的手段，特别是感谢、赞美、请教甚至是道歉等，修复可能的关系裂痕，维持客户的满意度。 ·结果检查：如果成功实现了客户新的购买行为，结果检查侧重在客户所购买产品与服务的落实、跟进、承诺兑现；如果客户新的购买行为没有促成，那结果检查则主要是询问客户对服务过程的满意度和意见，以表达服务人士的关心、关切和责任感。 ·合作铺垫：如果成功实现了客户新的购买行为，则合作铺垫主要是侧重在留下联系方式，表达随时欢迎来电，随时提供服务等形式上。但如果客户没有在当场实现购买行为，则服务人士在合作铺垫时，则需要给予客户有关下次合作的一些具体建议与引导

续　表

主要能力	· 洞察客户情绪，以便采用针对性情感迎合技巧的能力。 · 熟练运用嘘寒问暖、感谢、赞美、求教、道歉等关系润滑剂的能力。 · 向客户展示服务跟进过程专业性的能力
常见问题	· 当场成交没有成功就表现出失落，开始冷落客户。 · 当场成交没有结果就认定客户没有价值，没有兴趣和信心为下次合作维护关系。 · 过分严肃死板，不善于运用各类客户关系润滑剂

（1）在引导需求之后成功实现了客户的购买。在这种情况下，服务跟进中需要侧重于对客户所购买的产品与服务的后续跟进，以及表达感谢。

（2）在引导需求之后因为各种原因，客户没有接受成交建议。在这种情况下，服务跟进中需要侧重于关系的修复和润滑，消除成交不成功的负面影响，并且侧重于通过关系维护引导客户下次购买。

二、服务中销售方程式的阶段分析

服务中销售的六大步骤可以说是层层递进，而这六个步骤，又可以被划分为三个基本阶段（见图1－7）。

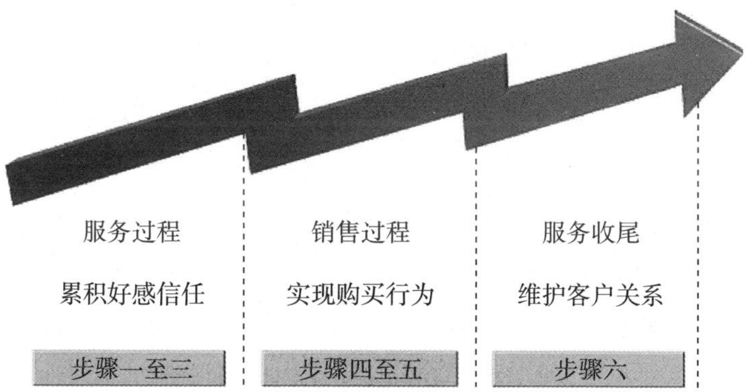

图1－7　方程式阶段分析

1. 服务过程

步骤一至三展示了服务人士通过美好的接待与开场，理解客户的期望，界定客户的期望并提供双方确认的服务内容这一完整的服务过程，步骤一至三的服务阶段有两个最重要的任务：

（1）实现客户满意和客户信任。实现客户满意和客户信任是整个方程式后续步骤得以顺利推进的前提和基础。如果客户对服务的过程和结果感到不满意，失去了客户信任这一最重要的基础，那后面的需求引导和促成销售就好似无源之水、无根之木；而赢得了客户的信任后，在销售推荐阶段服务人士遇到的阻力和面对的异议，将大大减少。

（2）对客户的潜在需求进行侦察诊断。在美妙接待、理解期望以及满足需要三个服务步骤中，以促成客户新的购买行为为目标的服务人士，将通过观察、判断、倾听、询问等各种途径，大致判断客户的潜在需求、购买能力、购买习惯以及行为特征，以便为客户购买需求的引导及成交策略的设计提供线索和思路。

2. 销售过程

步骤四至五则展示了服务人士基于服务阶段赢得的客户信任，对客户的购买需求进行引导，并且努力促成购买行为的过程，这一阶段有两个关键点必须注意：

（1）引导而非说服。服务中的销售过程始终关注客户的感受与客户满意度的维持，因而在销售技巧的应用上更多地注意隐蔽性和可接受性。在这个阶段，服务人士将更多地对客户进行以“服务口吻”展开的心理引导，而非采用“销售目的极强”的说服。

（2）判断时机。在销售过程的两个步骤中，特别要注意判断分析行动的时机。服务人士行动的成败不仅受自己所采用的策略与方式左右，更取决于销售行动时机的选择影响。在销售的过程中，有两个重点的时间点需要服务人士特别关注。

其一是从步骤三向步骤四过渡的时间点，即从服务向销售转化的时机，这个时候服务人士要客观准确地判断客户对自己的信任度是否累积足够。如果信任度不够而贸然采取需求引导的销售行为，会招致客户的反感和抗拒；而信任度足够但迟迟不向销售过渡，则会导致最佳销售时机的丧失。

其二是从步骤五向步骤六过渡的时间点，即从销售转回服务收尾的时机，这个时候服务人士要客观准确地判断是否一定要当场成交还是把成交机会留到下次。如果明明有可能当场成交的，服务人士稍遇阻力便轻易放弃，则会非常可惜；而客户的语言、表情、举止等信息明确暗示这次他（她）不想购买，而服务人士仍然一味执着追求成交结果，那不仅会得不到想要的结果，而且会破坏客户关系。

3. 服务收尾

在最后的服务收尾阶段，最重要的是进一步维护客户关系，留下美好的印象，为下一次服务与销售作铺垫。由此可见，这三个阶段恰如一个“三明治”的形式：两头是服务，中间是销售。

第五节　服务对销售四大促进效用

从流程角度我们分析了服务步骤与销售步骤的衔接整合，在实践中我们进一步发现，服务若要对销售产生明显的铺垫和推动效果，则必须实现四大效用：

（1）加速效用。不是所有服务都能推动销售，大量的无效服务、低效服务、标准服务和所谓合格服务并不一定能产生客户感动，加速销售进度。良好的服务必须对销售进度产生加速效用，不能对销售进度产生加速的服务就很难被称为优质服务。

（2）钩子效用。良好的服务行动不仅能实现客户的满意和认可，更能在整个流程中通过一个个环环相扣的服务步骤把客户自然地引导到销售阶段，从而产生钩子效用！

（3）羊皮效用。良好的服务语言和行为能柔化销售动作和销售用语，让销售行为更具有隐蔽性、可接受性及亲和性。

（4）入网效用。良好的服务能让客户价值得到不断升级，不仅能维护住客户，实现长期购买和持续合作；同时也能深度挖掘客户需求，把更多数量和品类的有偿产品和服务销售给客户；并且更能提升客户的转介绍率，由点带面产生更多新客户，从而实现销售结果的升级。

我们为服务对销售的四大效用分别取了朗朗上口的名称（见图1-8）：能产生加速效用的服务被称为服务帽，能产生钩子效用的服务被称为服务钩，能产生羊皮效用的服务被为服务衣，能产生入网效用的服务被称为服务网。

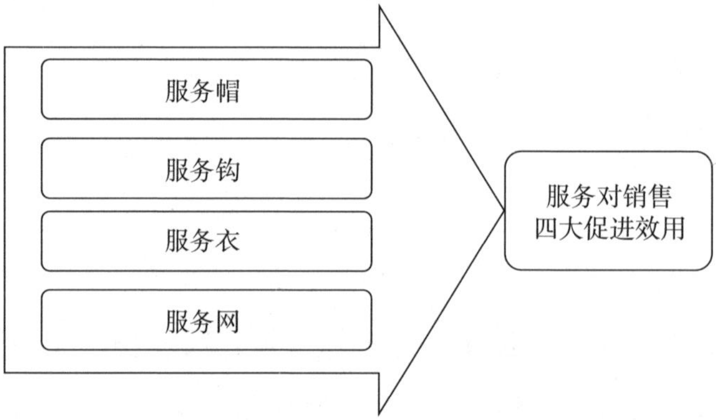

图1-8 服务对销售四大促进效用

一、服务帽——加速效用

但凡有经验的服务人士都会存在以下共鸣：不是所有服务都能产生感动，不是所有服务都能加速销售。实际上至少有75%以上的服务只能做到“基本可以”或“也就这样”，这样的服务即便投入了精力、成本、时间和心血，也不能对销售的衔接、推动和加速起到实质性的作用。

以下这个模型被称为客户期望之窗（见图1-9），它形象地呈现了服务

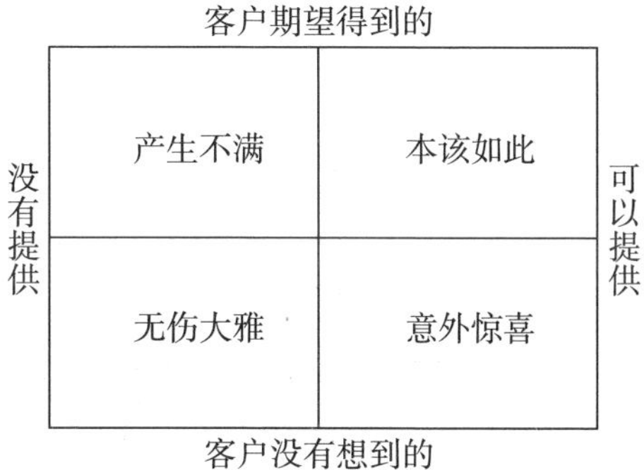

图1－9　客户期望之窗

提供与客户期望之间的相互关系，也揭示了不同象限的服务在客户心中不同的感知。

在客户期望之窗的第一象限，客户期望得到的我们却没能提供，客户会产生不满，因此服务过程应尽量避免出现在第一象限，这是服务的基本得分，必须及格。而我们大量的服务努力和成本往往浪费在第二象限，即客户期望得到的我们也能提供，然而在第二象限，客户的心理感受只能是“本该如此”，客户不会产生感动和信任提速。客户期望之窗的第三象限是我们无法提供但客户也没有期望得到，这个象限客户的心理感知是“无伤大雅”或者“无所谓”。而真正能让客户产生极度满意和感动的是第四象限，即客户没有期望得到我们却能给对方提供，在第四象限中客户往往会感到“意外惊喜”或“极其感动”。

从客户期望之窗我们不难发现，真正能对客户产生信任加速和销售推动的服务，不是我们通常认为的第二象限，而是顶级服务人士和销售顾问最擅长的第四象限。

那如何设计和创造落在第四象限的服务行动？杠杆效应告诉我们，只要能找到一个支点，就可以产生巨大能量，撬动千斤重量。哪怕客户对“销售行为”的抵触重如千斤，只要我们能在服务过程中找到“感动支点”，一样能加速客户感动，一样能加速推动销售。总体而言，建议服务人士在和客户的互动沟通中努力寻找三大“感动支点”，这三大“感动支点”分别是情感支点、顾问支点和行动支点（见图1－10）。

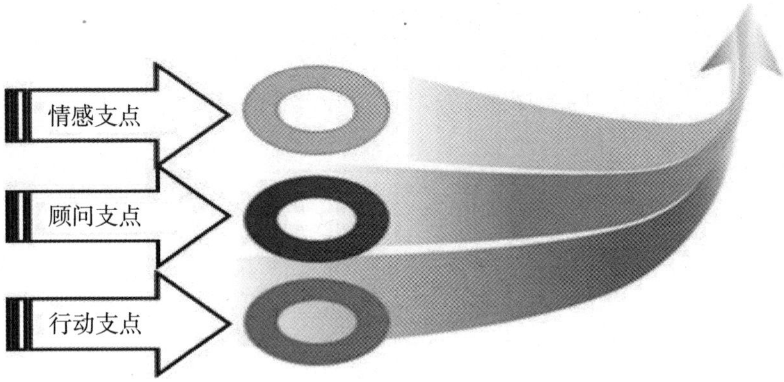

图1－10　服务中三大“感动支点”

（1）情感支点：通过问候、寒暄、赞美、共鸣、认同、关切，给予客户情感、心理上极大的满足与愉悦，从而提升好感和加速信任！

（2）顾问支点：从专业角度为客户提供极其有价值的信息、解答、建议、资讯和提醒，获得客户的认可和感谢，从而加速好感与信任！

（3）行动支点：在服务过程中为客户提供意料之外的行动和期望之外的帮助，通过增加行动和附加结果来加速客户的好感与信任！

表1－9　三大“感动支点”设计表

感动支点	思考	感动支点设计
情感支点	在千篇一律的服务话术中，是否能呈现个性化、差异化的情感交流，更具人性化的聊天和心理迎合，以便让客户迅速产生被特别关怀和关注的好感甚至感动	
顾问支点	在老生常谈的服务程序和服务资讯介绍中，是否能加入能迅速激发客户倾听欲望的有价值的须知、经验、信息、建议和提醒，以大幅度提升服务的差异化、主动性和含金量	
行动支点	在标准化程序化的服务行动步骤中，是否能提供低成本但意料外的行动和帮助，通过“多此一举”来创造客户感动	

绝大部分服务人士所提供的服务结果和服务内容，就如下面这个梯形（见图1－11），铺垫了足够的基础服务、标准服务和程序性服务，但这些服务努力往往都落在客户期望值之内或者之下，可以说不出彩、不惊艳、不意外，难以做到让客户满意和感动。但是，如果在这个服务梯形基础之上，再个性化一点，再主动性一点，再多样化一点，则这个梯形就补上了一个尖尖的三角帽。这个三角帽把所有沉淀的服务努力激活，把梯形变成一个能产生足够客户满意和信任加速的大三角形。而这个梯形之上的三角帽，就是在基础服务和标准服务之上补充和嵌入的三个感动支点。

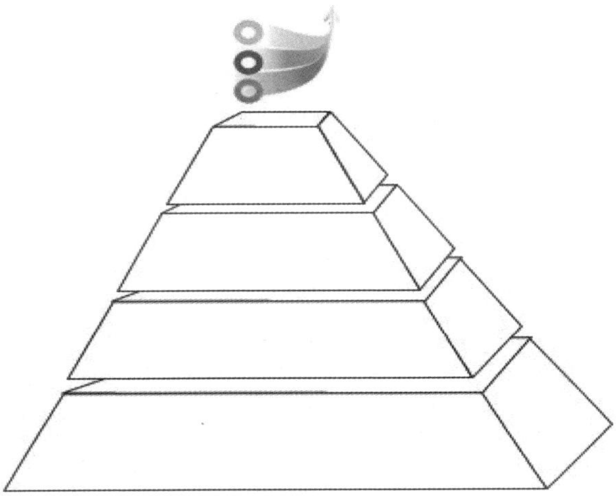

图1－11　服务梯形之上的服务帽

二、服务钩——钩子效用

保险顾问余超一直电话约客户蔡林面谈，但蔡林一直冷淡拒绝。有一次余超打电话跟蔡林说针对他这样的老客户，公司赠送了一份航空意外险，他将亲自把保单送来。经常坐飞机的蔡林当时一想，反正有总比没有好，于是答应在家接待余超。

在和蔡林的面谈过程中，余超专业且礼貌地办理了航空险的信息登记，顺便聊起了蔡林之前在银行购买的保险理财产品。余超关切地询问蔡林对这些产品在融资、变现等方面的熟悉程度，蔡林居然一无所知。于是余超一一介绍了这些保险产品多种蔡林根本不知道的用途，而他建议利用保险产品做融资抵押的做法，正好解决了蔡林当前流动资金紧缺的问题。临走时，余超邀请蔡林参加10天后举办的高端客户联谊活动，说可以帮蔡林介绍一些人脉，而且现场将有几个著名律师参与，这使最近为劳务纠纷而烦恼的蔡林非常感兴趣。

蔡林应邀参加了联谊活动，其中几个财务管理专家的专题讲座，给了他很大的触动和启发。他感到自己总是冲锋赚钱，但风险和保障意识不足，余超也建议蔡林多关心下自己的家庭和女儿。

两周后余超电话蔡林说自己有两套欢乐谷的家庭联票，邀请蔡林一家和自己一家去郊游放松。在郊游中两家人玩得很开心，双方太太成了闺蜜，两个孩子也成了好朋友。在郊游结束时，余超以朋友身份建议蔡林加强保险保障，为自己养老和女儿教育提前准备。一个星期后蔡林主动打电话给余超要他来设计保险组合方案。

余超的本意是实现销售，让客户蔡林购买自己所推荐的保险产品组合。但是面对内心存在抵触和抗拒的客户，如果直接切入到销售行为，不仅欲速则不达，甚至未来连见面的机会都没有，整个服务销售流程可能提前中止。于是聪明的余超在开始客户接触到最终实现客户购买的整个流程中，嵌入了服务行为，而这些服务行为的特点是环环相扣，每一步都能直接推动下一步。这些一步扣一步把服务推向销售的行为，被称为“服务钩”。

优秀的服务人士，其每一个服务行动，都带有高效的钩子效应，能产生明显的对客户的引导和带动作用。用几句简单易懂的英文用语来描述：三流的服务者对于服务过程的每个环节只能做到“Just do it”，即把该完成的步骤完成，至于客户如何感受他们并不在乎和关注；二流的服务者对于服务过程的每个环节能做到“How to do it”，即尽可能把每一步都做好以赢得客户的认可和满意；一流的服务者则对服务过程的每个环节都会思考“What to do next"，即尽量让每一个服务行为都能推进到下一步行动，产生环环相扣的引导作用。

在日常的服务实践和真实的客户互动中，有六个常见的服务钩可以组合使用，这六个服务钩分别是体验钩、恩惠钩、资讯钩、活动钩、人际钩和资源钩。

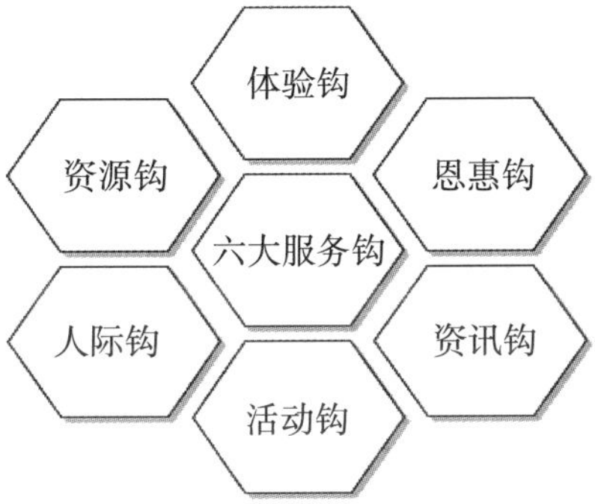

图 1－12　六大服务钩

在实际使用中，这六大服务钩的连接，用电路的连接方法来类比，既可以使用"先后连接"的"串联法"，也可以使用"并列连接"的"并联法"。

表 1－10　六大"服务钩"设计表

六大服务钩	说明	以 4S 店卖车为例	服务钩设计
体验钩	通过引导客户参与某种感官体验来导入下一步销售流程	车内体验，试驾……	
恩惠钩	通过给予客户一些免费赠品，特别版产品，免费服务，特别政策等，引导客户进入下一步销售流程	提供赠品，赠送，保养卡……	
资讯钩	通过与客户分享对方特别有兴趣的专业信息、资讯、建议和方案，或者提供专业的指导、辅导、咨询来赢得对方关注，推动下一步销售流程	分享车辆选购，车辆使用，车辆保养等方面专业资讯……	

续 表

六大服务钩	说明	以4S店卖车为例	服务钩设计
活动钩	通过邀请客户参加各种现场活动来激发参与度，赢得认可，推动销售	专题沙龙，车友活动，试驾活动，发布会……	
人际钩	通过某种人际关系的互动以便把客户引导到销售推荐环节，例如特别人脉吸引，亲友圈互动，老客户证明，有影响力人物接触等	车友互动，家人参与，老车主证明……	
资源钩	和客户分享自身能吸引客户的，能为客户提供各种帮助支持的各种资源，以激发客户兴趣，带领客户进入下一步流程	提供卖车渠道资源，汽车装潢资源，自驾游资源，车险购买资源，办牌拍牌资源……	

三、服务衣——羊皮效用

著名的销售行为学专家理查德·伊斯雷尔曾经描述过这样一个情景：在很大的几乎空无一人的教室里，一位女同学在教室角落埋头写作业。此时突然从门口走进一个陌生的男同学，径直走到女同学旁边的位置坐了下来。这时候女同学明显感到有些不安和紧张，稍后立刻整理了物品，搬到一个离开男同学很远的位置。她一边做作业，一边还时不时扭头看看，从表情上看充满了疑惑和不安。

理查德·伊斯雷尔总结说，这种现象在销售心理学中被称为“刺猬效应”，即服务人士在转而进行销售推荐时，由于销售行为带有很强的目的性和压迫性，往往会导致客户心理上的不安、不适和不愉快，进而客户通常会采取回避、拖延甚至抗拒等应对方式。

目前有很多企业的销售团队正在进行服务习惯和服务用语的训练，其目的就是用服务行为和服务语言特有的“柔性”来“软化”销售行为的“刚性”，用服务式的语言来表达销售内容，让销售行为更具有亲和力，更具有隐蔽性，更具有可接受度。

面对服务人士的销售行为，当客户产生“刺猬效应”时，在内心深处往往会产生一种叫“FUD”的心理反应，“FUD”即三个英文单词的首字母，这三个单词分别是 Fear（担心）、Uncertainty（不安）和 Doubt（怀疑）。为了消除客户心中的 FUD，避免客户产生逆反和抗拒，服务人士在转入销售行为时，需要用服务这一层外衣去包裹销售目的，让销售推荐在客户感到像在提供服务。一言以蔽之，把销售做得像服务。

这种用服务行为和服务语言去包裹和隐蔽销售行为和销售目的的效用，被称为服务对销售的羊皮效用，又被称为销售的服务衣。

销售行为和销售用语都带有很强烈的目的性，而且往往以我为中心强加给客户去接受。与之相对，服务行为和服务用语却是貌似不带目的，从为客户提供帮助的角度来进行沟通。为了进一步阐述如何把销售用语转化为更具隐蔽性的服务用语，以下进行了对比分析（见表 1－11）。

表 1－11　　服务用语 VS 销售用语对比表

编号	销售用语	服务用语
1	陈经理，您不用考虑太多了，听我的没错	陈经理，我相信您在决定前多少会有些疑虑或顾虑，您看还有什么需要我解答的吗
2	李小姐，您赶紧决定吧，我们这个方案绝对是为您量身定制的	李小姐，您肯定非常关心这个方案和您需求的匹配性，我简单向您介绍下好吗
3	林老板，这个升级版产品要比老版本好很多	林老板，您最关注的肯定是这个升级产品和老版本相比有什么优势，我简要向您汇报下好吗
4	刘女士，我们这个推广方案要比宏达公司的推广方案优点多很多	刘女士，您肯定在对比我们的方案和宏达的方案，我能简要分析下两者的主要差别吗
5	金先生，我们现在搞活动，您现在决定最划算	金先生，我想您在做购买决定时肯定会关注有什么特别活动政策，我简单介绍下好吗

从表1－11中不难发现，销售行为和销售用语总是直接说出对客户产生压迫性的“武断结论”，而服务行为和服务用语总是先站在客户角度分析客户的心理需要，然后再用请示性的口吻以服务的方式说出“销售用语”。

四、服务网——入网效用

良好的服务对于销售的真正价值，并非仅仅是产生后续购买这么简单。良好的服务应该是一张网，不仅能实现客户的长期维护，也能实现客户的深度合作，更能实现客户由点到面的转介绍。正是通过良好服务所营造的这张网，销售结果才能实现三个度的升级，这三个度分别是长度、深度和广度。

通过服务这个网的辐射，能让销售结果实现长度延伸，即客户的长期维护和重复购买。通过服务这个网的辐射，能让销售结果实现深度延伸，即客户的深度合作，实现更大数量购买和更多品类购买。通过服务这个网的辐射，可以让销售结果实现广度延伸，即利用产生满意的现有客户，实现更多推荐和转介绍，带入新客户群。

因此，真正衡量服务水平和价值的，并非所谓的客户满意，而是服务是否能帮助销售在长度、深度和广度上继续延伸和突破。换句话说，不能实现销售结果三度延伸的，算不上真正的好服务。

以下立方体（见图1－13）很好地展示了服务对销售的三度延伸价值，其中长度延伸也被称为Renew，即延续合作和重复购买；而深度延伸则被称为Repurchase，即更大量采购和更多品类购买；至于广度延伸则被称为Referral，即满意客户的转推荐转介绍。

基于三度延伸的原理，我们在提供服务的过程中，要有目的地和销售三度进行衔接结合，把服务的终点从客户满意向后继续延伸。在服务过程中针对满意的客户，需要主动提醒后续购买和重复购买，把服务满意和销售结果的长度密切结合；我们也需要推荐更多量购买和更多品类购买，实现交叉销

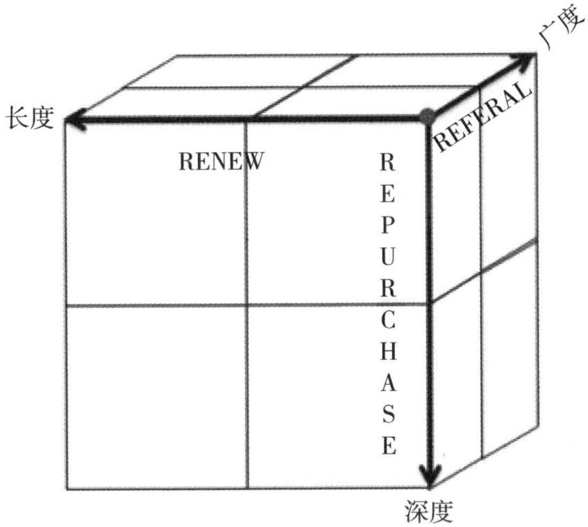

图 1－13　服务网实现销售三度升级

售和升级销售，把服务满意和销售结果的深度密切结合；我们更需要主动发展标杆客户和明星客户，让客户帮助我们证明、推荐、介绍，以实现服务满意和销售结果的广度结合。

第二章

整合服务与销售角色的双面沟通

第一节　服务过程中的双面沟通技能

一家知名牛奶公司有三个专卖店，分别由小张师傅、大张师傅和老张师傅负责服务接待与产品销售。

小张师傅总是表情严肃、不苟言笑，顾客问一句他答一句，顾客不问他就在旁边看着。

而大张师傅看起来是个热心肠，顾客来了总是主动问长问短，一会儿寒暄天气，一会儿聊聊孩子的状况，而且回答顾客的询问总是面带微笑、积极主动，每句话都能说得顾客暖洋洋的。

老张师傅呢，不仅是个能和顾客聊得很开心的热心人，而且还经常主动和顾客谈论日常的饮食健康和奶制品的食用须知。他会主动而诚恳地向客户介绍含糖和不含糖鲜奶的区别，他会专业地介绍不同酸奶的减肥功效，他会根据不同奶制品的保质期来委婉地推荐顾客选择，他也会分享奶制品与蛋糕面包类食品的搭配组合……

三位张师傅在服务顾客的过程中，不同的外在表现恰好反映出其内在的差异，而这种差异集中体现在三人与客户沟通方面的思维、习惯与水平的巨大差别。

1. 迎合性沟通 VS 引导性沟通

不管是在服务阶段还是在销售阶段，服务人士与客户的有效沟通都可以归结成两个基础类别：迎合性沟通和引导性沟通（见表 2 – 1）。

表 2－1 迎合性沟通和引导性沟通

客户沟通的两个方面	迎合性沟通	引导性沟通
基本特征	更好更巧妙地对客户说 YES	更好更巧妙地让客户说 YES
基本目的	满足客户已有的需求和想法	改变与引导客户已有的需求和想法
适用场合	客户的现有需求和想法与服务或销售目标完全匹配	客户的现有需求和想法与服务或销售目标不完全匹配
常见行为	嘘寒问暖、回应、解答、认同、赞美、承诺、附和，等等	话题转移、分析、建议、推荐、添加、联想、附加，等等

所谓迎合性沟通，用一句最简单的话来描述，就是更好更巧妙地对客户说“YES”，当然这个“YES”并不一定要满足客户的“结果需求”，也可以是满足客户的“情感需求”。迎合性沟通会通过满足客户已有的需求和想法来赢得客户的好感和信任。迎合性沟通，通常的行为表现有嘘寒问暖、应答、解答、认同、赞美、承诺、附和，等等。

顾名思义，所谓“引导性沟通”则是希望更好更巧妙地让客户说“YES”，通过积极有效的沟通去引导和改变客户已有的需求和想法。当客户的现有需求和想法与服务或销售目标不匹配时，引导性沟通通过改变与引导客户已有的需求和想法，来维持与提升客户的好感和信任，甚至激发客户更多的购买需求。引导性沟通，通常的行为表现有话题转移、建议、推荐、添加、联想、附加、改变，等等。

我们再用这两类不同方面的沟通来分析一下三位张师傅服务客户时的表现。不难看出，大张师傅非常擅长迎合性沟通，他积极主动的嘘寒问暖、诚恳谦卑的回应解答，获得了客户的好感；再看老张师傅，不仅善于迎合性沟通，更运用了大量的引导性沟通，他的建议、推荐、分析、附加提议，等等，不仅赢得了客户的好感与信任，更创造和引发了更多的购买需求和购买行为；而反观小张师傅呢，则是既不会迎合性沟通，也不擅引导性沟通。

2. 三种水平的服务沟通者

三位张师傅的不同表现，其实也代表了在服务或者销售过程中，不同服务人士所体现的不同层次的沟通水平。三流水平的服务沟通者，既不会迎合性沟通，也不会引导性沟通；二流水平的沟通者，或是擅长迎合性沟通但不擅引导性沟通，或是擅长引导性沟通但不擅长迎合性沟通；而一流水平的沟通者，既擅长迎合性沟通又擅长引导性沟通，成为卓越的双面沟通者（见图2－1）。

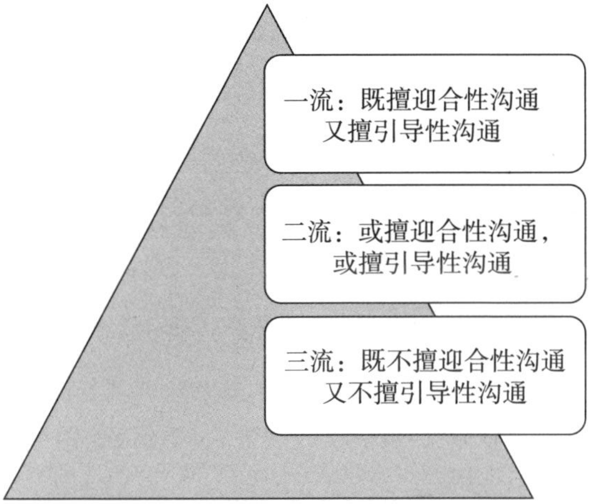

图2－1　三种水平的服务沟通者

一位4S店的技术工程师正在帮一个客户试车，这个客户开着一辆崭新的跑车，由工程师在一旁陪坐。路上阳光明媚、晴空万里，收音机播放着悦耳的音乐。

客户："车子的稳定性在高速行驶时表现得怎么样?"

工程师："您问的问题非常专业，稳定性对高速的跑车而言非常重要。您可以放心的是，这款跑车采用了公司最新的WBST全车协调稳定技术，稳定性比老款更上了一个台阶。"

客户："是吗?"

工程师："是啊！其实现在如果您看仪表盘的话，时速已经120千米了，这车开起来多平稳啊！您可能觉得有点奇怪，为什么在这样的速度下，发动机却安静得像老鼠一样？因为我们针对像您这样成熟而不张扬的商务人士，特别创新研发了发动机静音技术。这样的话，您既能享受在高速奔驰下的激情飞扬，又能避免发动机的轰鸣给人过度张扬、浮夸不稳重的感觉，您说呢？”

客户：“不错，不错。”

从这一小案例中很容易发现，这个工程师是个既善于迎合性沟通，又善于引导性沟通的双面沟通高手，他通过积极的认可与专业的解答回应了客户的想法和需要。与此同时，他进一步通过转移焦点、分析建议以及心理引导等技巧，把发动机静音技术这一客户没有注意到的出色卖点生动形象地加以呈现，进一步打动了客户。

大量的事例表明，如果既不懂迎合性沟通也不懂引导性沟通，那永远成不了一个合格的服务者或者营销者。

对于兼顾服务角色与销售角色的职业人士而言，如果期望在服务的过程中既赢得客户满意，又实现新购买需求的创造，那掌握既会迎合又会引导的双面沟通技巧至关重要。这就如一枚闪闪发光的金币的两面，缺一不可。

第二节 高效的双面沟通工具：客户心理指南针

张小姐是某公司的采购员，经常参加各类展会，采购一些公司所需的材料或办公设备。这次参加广州家具展，张小姐是要为公司选择一款会议桌椅。在浏览过近半个展厅后，张小姐驻足在了一个很有新意的展厅面前，浏览这里的陈列品。

参展人员十分热情，一见到张小姐在一款桌前观看时，就走到她面前介绍：“您真的很有眼光。正如您现在所见到的，这套会议桌椅的设计是一流的，而且是世界著名设计师设计的，放在您的公司里，一定可以大大提升您公司的品位。”

张小姐轻声答道：“这我倒不是很重视。你能给我讲讲它具体的构造吗？比如说尺寸、高度、角度等。”参展人员热情地回答：“当然可以，这套桌椅的设计十分独特，其边角都是采用韩国风格……”张小姐摇摇头，打断了他的话，笑笑说：“你说的这些似乎并不是我最感兴趣的。我比较关心……”参展人员立刻接过她的话说：“我知道您想说什么！这套家具采取了特殊的制作工艺，上面涂了世界最先进的保护膜，寿命至少50年以上。”

张小姐很无奈，再次重复道：“你说的这些，我都相信，也可以感觉得到。不过，我想你误会我的意思了，我更关心它的……”显然，张小姐本想说：“我更关心是否适合我所在的企业使用，这款桌子可以配多少把椅子？”

然而没等她说完，参展人员便抢过她的话说：“价格上，如果您买两套，我们可以给您优惠价……”

张小姐打断了他的话：“对不起，我想我不需要了，谢谢你。”

参展人员的专业知识不可谓不丰富，表达不可谓不流畅，推荐不可谓不精彩，而且他既尝试运用了迎合性的沟通去回应张小姐的询问，也努力运用引导性沟通去分析产品的优势，但他似乎总是不能找到张小姐心中真正的兴趣点，所有的表达与沟通总不能切换到张小姐需要的那个频道。

这个故事给我们提出的更深层次的潜台词是：即使知道了什么是迎合性沟通和引导性沟通，即使服务人士在服务过程中努力去运用各类迎合性行为或者引导性行为，迎合或者引导依然会因为不能捕捉到客户的所思所想而偏离轨道。

由此可见，为了更好地在服务过程中运用迎合性沟通与引导性沟通，服务人士需要一个有效的“指南针”，通过“指南针”来诊断客户的所思所想，从而配套以相应的迎合性或者引导性沟通方式。

一、客户的三个感知觉偏好

客户在被服务过程中，接收信息、进行沟通，要借助不同的感觉器官，如凭耳朵听、用眼睛看、用手摸等。不同的人对不同的感觉器官和感知通道有不同的偏爱，有些人喜欢通过视觉的方式接收信息，也有一些人更喜欢通过听觉了解外在世界，还有一些人习惯通过动手（或身体运动）来探索外部世界，从而掌握有关信息，产生体会和感觉。从感知觉方面看，客户主要有视觉型、听觉型、动觉型三种类型（见图 2－2）。

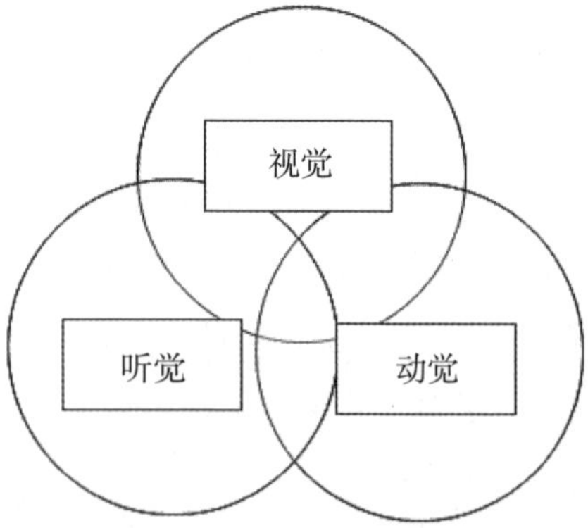

图 2－2　三种感知类型

（1）视觉型。视觉型客户最希望通过接受视觉刺激而获得沟通的良好感受，喜欢通过图片、图表、录像、影片等各种视觉刺激手段接收信息、获得感官刺激。他们将所听到的事情想象成图像，将所要说的话以形象来取代。

（2）听觉型。听觉型客户最希望通过接受听觉刺激获得最佳的沟通感受，喜欢通过讲解以及声音丰富的变化等获取信息，获得体验与享受。

（3）动觉型。动觉型客户喜欢通过双手和整个身体运动参与沟通，进行体验，不太喜欢听枯燥的讲解，也不喜欢看复杂的资料，而是往往希望通过更多的实在的体验来获得足够信息，然后作出判断。

当然，并非说一个客户身上只会表现出一种感知觉类型，有不少客户在服务沟通中会表现出混合型的感知觉，因此服务人士需要在沟通中判断与分析出客户主导的或者偏好的感知觉。

三种不同的感知觉给了服务人士在沟通方面很明确的指引和暗示。对于在沟通中比较偏好视觉型的客户，服务人士需要更多地提供视觉化的资料、图表、视频、图片等来进行沟通。同时，在语言表达中，需要多用类似“您看”“您可以看到……”等视觉性的词汇以及多一些画面感的描述。

对于在沟通中比较偏好听觉型的客户，服务人士需要更多地采用有利于听觉刺激的方式，多一些讲解，多注意一些背景声音和背景音乐，同时更需要注重声音抑扬顿挫的节奏感和舒适感。在语言表达中，需要多用类似“您听”“您可以听到……”等听觉性的词汇以及多一些关于听觉享受的描述。

对于在沟通中比较偏好动觉型的客户，服务人士需要更多地采用有利于触觉和身体参与的沟通方式，在服务过程中多让客户亲身体验与参与，多让客户运用触觉的体验。同时，在语言表达中，需要多用类似“摸起来多么光滑柔软”“您尝起来是不是感觉特别鲜美啊”等动觉性的词汇。

客户李总：“我现在最需要解决的，就是每次开会听到销售人员含含糊糊、吞吞吐吐的汇报，让我的耳朵不厌其烦。”

客户经理：“用了这个软件，您再也不会听到以前每次开会时，销售人员汇报时的支支吾吾、不知所云了，由于您掌握了核心的数据，一切弄虚作假都将逃不过您的耳朵。”

客户李总：“不过我这个人不太喜欢看复杂的数字和报表，密密麻麻的信息会让我看得眼花缭乱。”

客户经理：“这个软件的界面是非常人性化的，您可以看到界面非常清新、简明、一目了然。而且您既可以选择看详细信息的页面，也可以选择看核心信息的精简页面。”

以上简短的对话中，客户经理总能敏捷地捕捉到客户李总所使用的感知觉。李总首先展现了听觉的偏好，其次呈现了视觉的偏好，而这些感知觉偏好都被客户经理很好地判断与迎合。

二、十项客户的心理标签

在服务过程与客户的沟通中，服务人士更要关注客户的大脑的活动。简言之，服务人士与客户沟通的过程，本质上是双方的大脑活动相互碰撞和融合的过程。

如果服务人士能够敏锐地捕捉和判断客户大脑的所思所想，敏锐地分析和判断客户大脑的思考方式，那无论是迎合还是引导式的沟通都将有的放矢，都将可能一箭中的，产生立竿见影的效果。

在服务过程中，客户将充分运用自身的左脑和右脑来接收信息，分析信息，从而形成综合的印象来提供给客户进行判断（见图2－3）。

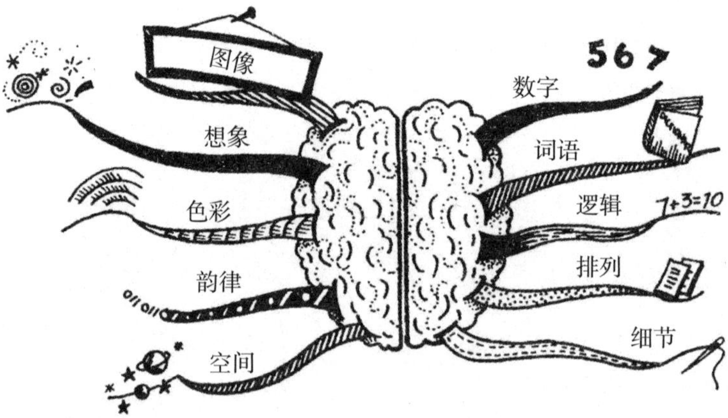

图2－3 左脑与右脑的心理标签

客户的左脑是理性的半脑，它主要负责处理的是数字、词语、逻辑、排列和细节五项职能，我们可称之为左脑的五项心理标签。

客户的右脑是感性的半脑，它主要负责处理的是图像、想象、色彩、韵律和空间五项职能，我们可称之为右脑的五项心理标签。

让我们一起来分析以下两个场景，去体会一下十项心理标签是如何运用在服务人士与客户的沟通中的。

【场景一】

某大客户采购经理正在询问供应商客户经理新款电动工具的情况

采购经理："我们产品的质量要求比全行业平均水平高15%～20%，所以对电动工具要求很高。同时，我们总经理也希望降低至少5%的采购成本，所以除了你们这家，我们也比较了金德、索林等公司的产品。”

客户经理：“客户先生，从刚才我们的谈话中，我了解到你们生产的产品具有很高的质量标准，而且公司致力于降低成本。我们的工具正是为了您这样的需求而设计的。它的扭矩精度达到0.05N·m，完全可以达到贵公司的质量要求，而且可以通过降低每年不良品率5%为您节省大约10万元的成本。许多世界一流公司如通用电气和丰田汽车都是我们的忠实客户，他们的经验证明了我们的工具的价值。”

【场景二】

某旅行社陈姓夫妇正在询问西藏旅游的相关信息

陈太太：“我们常年在城市里工作，感觉很压抑。所以希望到西藏的蓝天白云之间，去好好释放一下心情。你有什么好的路线推荐吗?”

服务人士：“陈先生陈太太，你们好！非常高兴你们对西藏有兴趣。我们旅行社是西藏旅游方面的专家，相信会为你们提供周到满意的服务。根据你们的需求，我强烈推荐穿越珠峰心灵之旅。这是一个十天的游程，途经……你们会在喜马拉雅半山腰5000米海拔的地方过夜，强烈地感受心灵的震撼。你们能想象在喜马拉雅山的半山腰处，安营扎寨的情景吗?周围是白雪皑皑的山峰，远处的世界第三极珠穆朗玛峰若隐若现。半夜你们醒来，走出帐篷，满天的星斗明亮、硕大无比，你们感到和天第一次如此接近，心灵感到强烈的震撼。”

不难发现，在场景一中，采购经理更多呈现了数字、事实、细节等左脑心理标签，而客户经理也同样匹配以数字、事实和细节，以赢得客户的强烈共鸣。

而在场景二中，陈太太更多呈现了图像、想象、色彩等右脑心理标签，而服务人士也同样匹配以想象、色彩、图像等，以赢得客户的高度认同。

三、完整的客户心理指南针

当我们把客户在沟通中的三项感知觉和十项心理标签组合在一起的时候，

完整的客户心理指南针就诞生了。

客户心理指南针是被设计用来帮助服务人士在沟通中了解客户所思所想，识别与诊断客户呈现的一种或多种感知觉和心理标签。

在指南针上标的刻度不是南北东西，而是三项感知觉加十项心理标签。每当客户使用某些感知觉和心理标签中的一种或几种时，服务人士运用的指南针的指针便会自动指向它。

如果客户在运用逻辑和细节，服务人士在沟通中就能配合逻辑和细节这两种心理标签，但这是使用客户心理指南针的全部吗？在使用客户心理指南针时，服务人士需要问自己三个问题：

（1）客户都用到了哪些感知觉和心理标签？

（2）我是否通过沟通迎合了客户主要的感知觉和心理标签？

（3）我是否可以在对话中再加上其他感知觉和心理标签，以对客户进行影响和引导？

这三个问题，可以引出客户心理指南针具体使用的三个步骤，被称为客户心理指南针应用三部曲（见表2－2）。

表2－2　　客户心理指南针应用三部曲

客户心理指南针三部曲	行　　为	目　　的
第一部	诊断分析	识别客户在用哪些感知觉和心理标签，以为沟通的方式和角度指引方向
第二部	迎合配合	在沟通中使用和客户相同的感知觉和心理标签，以获得客户的共鸣与认可
第三部	添加引导	添加更多的感知觉与心理标签，使客户的左右脑获得完整的感知，以进一步引导和影响客户

在这三部曲中，特别要提到容易被忽略的第三部，根据大脑科学的原理，当客户更多的感知觉被调动，更多的心理标签被影响，则客户更容易产生理解、认同、共鸣和动情，这就被称为全脑沟通的效果。

换句话说，在与客户沟通的过程中，不仅需要迎合对方所呈现的感知觉和心理标签，更需要进一步添加其他感知觉和心理标签，以让客户获得完整的大脑感受（见图2－4）。

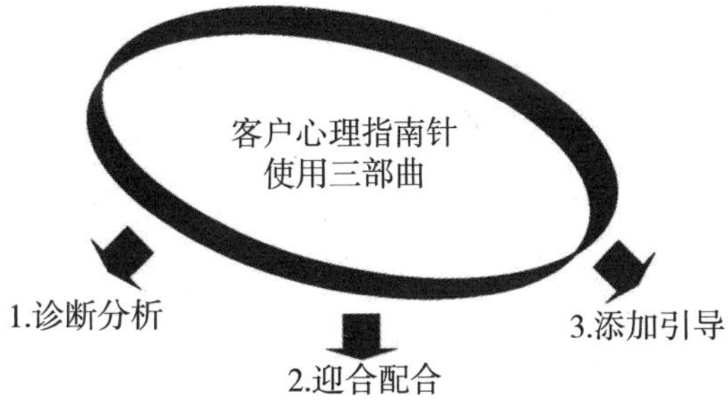

图2－4　全脑沟通行为

客户心理指南针的最终目的是在客户大脑中产生左右脑全部刺激的完整的画面，这样全脑的刺激对客户的影响效果最好。

因此，如果服务人士诊断出客户在使用左脑心理标签进行沟通，进而迎合与配合，他还需要进一步添加以右脑心理标签的刺激，以完成客户大脑的全脑刺激。

同样，如果服务人士诊断出客户在使用右脑心理标签进行沟通，进而迎合与配合，他还需要进一步添加以左脑心理标签的刺激，以完成客户大脑的全脑刺激。

一位化妆品专柜的服务人员正在和一位顾客对话。

顾客："我可看不出这款面膜这么贵，有什么特别的价值吗?"（逻辑）

服务人士："当你说'价值'时，你指的是美白、补水还是去暗疮的效果呢?"（逻辑）

顾客："当然是美白啦。这款面膜有哪些成分呢?"（询问细节）

服务人士："这款面膜之所以效果好，是因为它以天然的骨胶原为主要成分，并辅之以芦荟等11种具有美白功能的草药，其中3～4种草药是非常名贵的。（迎合以细节，添加了事实、数字等）

顾客："但价格也太离谱了吧，现在好的面膜也不过5～6元/张，这

个居然要15元/张?”(数字、逻辑)

服务人士:“我非常理解您的感受。您也知道化妆品的一线、二线品牌价格差异很大。一般单价5~6元的属于二线品牌的面膜,而像我们这类国际知名品牌的,单价都在15~20元。(迎合以数字、逻辑等)但是使用过的顾客都说,这个面膜的美白效果立竿见影,皮肤会白里透红,而且水水嫩嫩,用了一次后效果可以持续好几天,不像普通面膜,过了1~2天皮肤又恢复原样了。”(添加了色彩、图像、想象等)

顾客:“真有那么神奇?”(想象)

服务人士:“是啊,据我所知,好几个明星也在用。您的皮肤其实挺好的,如果能把眼角周围的略显黄色暗沉消除掉,那您的面部皮肤就非常白嫩光滑了。(迎合以想象、图像、添加颜色)我保证您坚持使用一个月,只要用六片,每天坚持30分钟,肯定能达到您要的效果。”(添加数字)

第三节　服务中客户心理指南针的活学活用

在服务与销售的具体过程中,服务人士会发现客户心理指南针的运用远非三部曲那么简单,诊断分析、迎合配合、引导添加三个步骤在面对不同客户的时候,在面对同一客户不同思维状态的时候,需要更具艺术性和灵活性地加以应用。

客户:“我觉得您的建议很好,但我们今年公司预算削减了20%,而且总经理特地出了文件来约束这方面的开支,因此您的产品还不是很急需。”

客户经理："我理解，不过我们的产品有20多家您的同行在用，如果产品能为您企业带来巨大效益，我相信您的老总夸您还来不及呢，您说呢?"

客户："我们是小公司，和您说的那20多家公司没法比的。"

在这段对话中，客户经理首先判断出客户在使用左脑的数字、细节等心理标签，因此也进行了适当迎合。随后客户经理添加了右脑的想象等心理标签进行引导，但却碰了一个软钉子，究竟是哪个环节出了问题?

在一家著名的珠宝首饰店，一对年轻的即将结婚的夫妇与服务员小张沟通了将近1个小时，小张对钻戒专业的推荐使他们频频点头，最后他们看中了最昂贵的一对钻戒，需要人民币18万元。很明显，准新娘的眼睛里充满了兴奋，再三比较之后，准新娘最后对小张说就要这一款式了。

准新郎突然说："我们是不是太冲动了？毕竟价格不便宜啊。"

这个问题给小张出了道难题，但接下来小张的回答却是如此巧妙："当然冲动啊！限量版最顶级的婚戒，全世界有几对新人才能享受这样的冲动啊？你们就等着去接受身边好友羡慕嫉妒的目光吧。戴上这对戒指，你们一定会是天底下最幸福的一对新人。"

话音未落，准新郎和准新娘就齐声说："我们订了！"

两个案例，一个成功，一个失败，从不同的角度揭示了客户心理指南针如何活学活用。

在服务人士与客户的沟通中，当发现对方在使用左脑心理标签时，需要特别注意的是：

（1）首先要判断客户在使用左脑心理标签时，对服务人士是否足够信任，足够的信任度是决定服务人士下一步行动的关键。

（2）当服务人士发现客户的信任度还不够，客户还未充分信任时，服务人士需要采取A策略（见表2-3）。

表2－3　　A策略

·进一步迎合与配合客户的左脑心理标签，通过分析、举例、逻辑、事实等全方位地满足客户理性思考的要求，逐步累积足够的信任。在这个时候，服务人士绝对不能在客户信任度还不够的情况下，就转而对右脑的心理标签进行添加和引导。 ·一直到服务人士发现客户的信任度已经通过迎合左脑累积足够，则可以转而对客户的右脑心理标签进行添加与引导，从而对客户形成全脑刺激
·一句话描述：认真迎合配合左脑，进而强化引导右脑

（3）当服务人士发现客户的信任度已经足够，客户已经对自己充分信任时，服务人士需要采取B策略（见表2－4）。

表2－4　　B策略

·对客户的左脑心理标签进行适当的迎合与配合，尽快着力添加与引导客户右脑的心理标签，对客户的右脑进行强化刺激，让客户产生美好的联想、想象，从而产生情感共鸣与冲动。B策略对左脑的迎合是形式上的，蜻蜓点水的，千万不能过度迎合
·一句话描述：虚假迎合配合左脑，尽快强化引导右脑

在整个沟通过程中，如果客户自始至终都在用理性的左脑思考分析判断，那不论是对服务过程还是对销售过程都是不利的。

对于服务过程而言，客户的左脑会保持怀疑和警惕，服务人士稍有不慎，很容易招致客户的不满。对销售过程而言，客户的左脑会始终冷静而理性，服务人士的很多推荐与引导，很容易招致客户的反感与抵触。

因此，哪怕客户起初使用的是左脑心理标签，服务人士先迎合配合、后添加引导的最终目的，还是把客户锁定在右脑进行思维。

了解了服务人士面对客户左脑思考的A策略与B策略后，再回过头分析之前的两个案例，成败的原因就一目了然了。

第一个案例中，客户经理在客户还未充分信任的前提下，本应该是采用A策略去认真迎合左脑心理标签，等信任度足够后进而强化引导客户右脑。然而客户经理却错误地选择了B策略，虚假地迎合了客户的左脑，在客户没有充分信任的时候，就匆忙地进行右脑的强化引导，结果招致了客户的反感。

第二个案例中，小张判断出即将步入婚姻殿堂的两个年轻人已经对她产生足够的信任，因此当准新郎在使用左脑的逻辑这个心理标签时，小张虚假地进行了逻辑上的迎合，却转而对客户的右脑进行了强化引导，激发其美好的想象和联想，最终成功地促成购买行为，小张很有技巧地使用了B策略。

在服务人士与客户的沟通中，当发现对方在使用右脑心理标签时，在用右脑思考时，则服务人士希望客户继续保持右脑思考，而不希望客户转而回到左脑思考。这个时候，服务人士需要使用C策略（见表2－5）。

表2－5　　C策略

·对客户的右脑心理标签进行强化的迎合与配合，尽量让客户保持右脑思考，对客户的右脑进行强化刺激。同时，可适当在形式上添加一些左脑的心理标签，左脑心理标签的刺激决定不能过度，否则会让客户转回左脑思考。 ·在强化添加右脑的同时，适当添加左脑的意义在于形成完整的全脑刺激，但这个时候取得主导权的是客户的右脑
·一句话描述：认真迎合配合右脑，虚假添加左脑

国内著名的企业集团A公司在全国范围内选择建筑施工用的大型挖掘机的供应商，据说这次采购金额达几个亿，最后腾达公司和欣荣公司顺利入围。

两家公司品牌、实力、质量、荣誉、口碑以及合作方案可以说不相上下，但A集团的张总似乎对售后服务还心存顾虑。

在A公司会议室两家公司方案演示进入尾声的时候，张总转问腾达公司的市场总监刘辉："你们公司的售后服务到底怎么样？"

刘辉："张总，您就放心吧，我们的售后服务在行业里数一数二。如果我们的服务做得不好，我们也不可能有这么多合作多年的老客户，您说对吗？"

张总："是吗，我的意思是万一挖掘设备出问题？"

刘辉："张总，您说我们设备出问题吗？我们产品的质量那是可以绝对放心的，短期内出质量问题的概率比中福彩大奖还低呢。万一有什么问题，我们的工程师肯定随叫随到。"

张总："是吗？"

刘辉："那当然，我们公司现在在全国各地大规模做广告，也是对我们的产品有信心啊！"

张总："欣荣公司的售后服务怎么样？"（转向欣荣公司的市场总监施建）

施建："张总，我非常理解您的顾虑，毕竟设备的质量不仅牵涉您公司，更牵涉到您的客户，影响巨大啊。张总，您所提售后服务是指什么呢？"

张总："是这样的。我们之前有个供应商，但服务方面很差：一是服务响应速度太慢，电话给他们第二天才慢吞吞赶来；二是维修人员不专业，查了半天找不到问题；三是还要收取昂贵的维修费用。"

施建："张总，如果我没有理解错的话，您所强调的售后服务包含三层意思：一是服务响应速度要快；二是维修人员要专业；三是维修费用要可控对吗？"

张总："是的！"

施建："张总，很高兴向您汇报，这三个方面正是我们公司在服务方面所强调的三大特色。第一，我们在您公司有工程项目的城市都有服务点，我们可以100%承诺，接到电话一小时内赶到现场。第二，我们的服务工程师全部满足三个任职要求，即获得国家级资格证书，拥有八年从业经验，以及通过我们公司每年举办的淘汰考试。我们也承诺，如果我们的工程师不能在三小时内给客户找出问题，提供解决方案，客户有权对其进行投诉。第三，我更高兴地向您汇报，从今年起我们将产品的免费维修期限延长至三年。"

张总："不错，但这些都能做到吗？"

施建："张总，我说的每个细节都可以逐条写进合同。白纸黑字，清清楚楚，这样万一有什么问题，只要按合同办，张总您大可稳坐钓鱼台啊！"

最后，张总当场拍板选择了欣荣公司！

在这个案例中，很显然，刘辉和施建采用的是不同的沟通与引导策略。面对张总的逻辑性提问，刘辉蜻蜓点水地进行逻辑上的迎合，接下来就转而强化去刺激张总右脑的联想、想象等心理标签，通过信誓旦旦的承诺试图获得张总的认同。显而易见，刘辉采用的是虚假迎合左脑，快速强化引导右脑的 B 策略。

反观施建，先通过一个逻辑性的提问引导张总说出他认为的售后服务的具体细节，接着通过事实、细节、数字等角度深入进行分析，认真地迎合了张总理性的左脑的需求，可见施建采用了 A 策略。

那结果为什么施建赢得了最终的胜利呢？一个重要的关键是张总在售后服务问题上还未对两家公司建立充分信任。在没有建立足够信任度的前提下，需要认真迎合左脑，等时机成熟再引导右脑。可以看到，施建最后说的一句话，他已经开始添加引导客户的右脑了（见图 2－5）。

图 2－5　左右脑策略的融合

研究显示，人脑的左右半区在组织思考和解决问题方面有不同分工。所有的正常人都同时使用两个半区。但是，很多人都表示对某个半区有稳定的偏好。这种偏好是很自然的，虽然人们为了应付要求不断变化的世界，往往不得不有选择性地交替使用两个半区。

表 2－6 与表 2－7 中所显示的是一份左右脑能力测试题，每一个标号的条目都有几个可能的选择。你要从 A 列或 B 列中选择“非常”“一般”中的

一个。如果你没有什么偏好，就选择当中的“没有偏好”，在所选的空格里填上“0”。

表 2－6 左右脑能力测试样表

A列	非常	一般	没有偏好	一般	非常	B列
偏好狗						偏好猫

表 2－7 左右脑能力测试

A 列	非常	一般	没有偏好	一般	非常	B 列
1. 文字性	－2	－1	0	+1	+2	比喻
2. 事实	－2	－1	0	+1	+2	联系
3. 图画	+2	+1	0	－1	－2	文字
4. 可预见的	－2	－1	0	+1	+2	吃惊的
5. 线形的	－2	－1	0	+1	+2	圆形的
6. 经验的	+2	+1	0	－1	－2	抽象的
7. 视象的	+2	+1	0	－1	－2	理性的
8. 有弹性的	+2	+1	0	－1	－2	稳固的
9. 空间导向	+2	+1	0	－1	－2	时间导向
10. 从文字中获取信息	－2	－1	0	+1	+2	从手势、声调中获取信息
11. 预感	+2	+1	0	－1	－2	答案
12. 方案	－2	－1	0	+1	+2	可能性
13. 被尝试、验证的	－2	－1	0	+1	+2	新的、有风险的
14. 整齐的	－2	－1	0	+1	+2	乱糟糟的
15. 一个好的故事	+2	+1	0	－1	－2	一个组织得很好的论点
16. 数据	－2	－1	0	+1	+2	传说
17. 相似性	+2	+1	0	－1	－2	不同点
18. 分析	－2	－1	0	+1	+2	总结
19. 一下子全部	+2	+1	0	－1	－2	一次做一件事

续　表

A 列	非常	一般	没有偏好	一般	非常	B 列
20. 推论的	−2	−1	0	+1	+2	诱导的
21. 客观的	−2	−1	0	+1	+2	主观的
22. 有准备的	−2	−1	0	+1	+2	自发的
23. 变化	+2	+1	0	−1	−2	稳定
24. 具体明确的	−2	−1	0	+1	+2	随机的
25. 心	+2	+1	0	−1	−2	脑
26. 形状、空间	+2	+1	0	−1	−2	数字、文字
27. 自由形式	+2	+1	0	−1	−2	文字的精确性
28. 全部	+2	+1	0	−1	−2	部分
29. 名字	−2	−1	0	+1	+2	脸
30. 事情（物）看上去如何	+2	+1	0	−1	−2	事情是如何进行的

半球状态指数计分尺

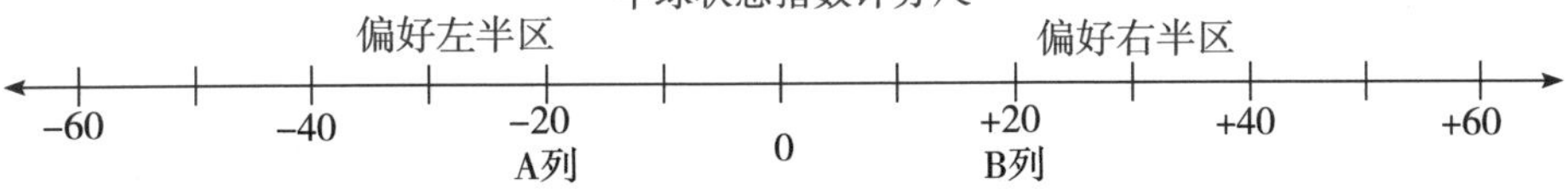

①将所有正数相加总数 =

②将所有负数相加总数 =

③将①②相减 = [ ]

④将你的分数标在上面的计分尺上

第三章

服务过程中客户期望值的有效驾驭

第一节　服务过程中客户期望值的三种应对方式

在当前的市场环境中，很多企业为了更好地推广自身的产品或服务，往往会出于“营销”的目的而在宣传中向客户做出非常高的服务承诺。而异常激烈甚至白热化的竞争更会使同行之间的“服务宣传”与“服务承诺”PK（Player Killing，意为对决）不断升级，这很可能是带动客户期望值不断提升甚至膨胀的主导原因之一。

1. 三大因素不断推高客户期望值

客户的期望值由其过去的服务体验、企业营销宣传以及个人的需求这三个基本要素组成，而近些年来，无论哪个行业、哪种服务，这三个要素无一例外共同地推动着客户期望值的上涨与提升。

（1）过往服务体验推高客户期望。每经历一次更高层次的服务体验，客户的期望值都会水涨船高。苹果的每一代产品，从 iPod，到 iTouch 一直到 iPhone 4，都会给消费者们带来意外和惊喜。当很多 iPhone 4 用户满心欢喜期待 iPhone 5 问世的时候，iPhone 4S 的到来让不少人大失所望。事实上，iPhone 4S 不可谓不好，但问题的本质在于这些苹果的忠实用户的过往产品与服务体验积累了太高的期望值。

（2）企业营销宣传拉高客户期望。为什么 DHL（敦豪航空货运公司）或者 UPS（美国快递公司）在快递服务中必须确保万无一失，那是因为他们在广告宣传中对自身的服务做出了很高的承诺，稍有差错就会导致客户的强烈不满。中国有句老话，叫“期望越大，失望越大”，这里所讲的期望，主要是指客户受到服务企业的广告宣传和口碑传播影响而形成的高期望值。

特别需要指出的是，不少服务人士在服务开始，为了赢得客户的好感，过度地进行自我宣传和服务承诺，把客户的期望值吊得很高，给接下来的服务过程制造了很大的压力。

（3）个人内在需求带高了客户期望值。从个人需求层面来看，以往客户可能更多关注服务的结果以及服务要素中那些有形的部分，而现在越来越多的客户开始重视起心理层面的感受和情感层面的体验。以理发为例，十几年前我们需要的是理发师傅手艺好、速度快，理出的发型耐看称心，而很少去关心其他的因素；而现在，客户会把注意力转移到服务人士形象气质好不好，接待是否礼貌尊重，说话是否听起来舒心中意，店内的环境营造是否够档次，理发师是几星级的，是否有 VIP（贵宾）包间……

可以断言，客户个人需求中那些不容易被察觉的“心理需求”和“情感需求”，将愈加成为其期望值中重要的组成部分，而且权重将越来越高。客户对于服务的显性需求和隐性需求交织在一起，直接导致客户期望值构成更复杂，要求更多元，满足更困难。

客户过往的服务体验、企业的营销宣传、客户的个人需求，这三大因素共同起作用，把客户的期望值推得越来越高。

既然客户期望值的日益高涨已经是不争的事实，那么对服务企业和服务人士而言，真的只能像服务的“金科玉律”所要求的那样唯客户需求至上，像对待上帝那样对待客户吗？对客户期望值的不断满足，必定能带来客户满意度的提升，必定能带来客户购买量的上升吗？

大量现实的服务案例表明，高效的客户服务应该是建立在服务人士与客户就服务期望达成一致的基础上，而过度迎合与满足客户的期望值，很可能会对服务及销售工作带来非常不利的后果。

2. 过度迎合与满足客户期望值的两大后果

如果一味追求满足和超越客户的期望，就会使客户的期望值不断提升，直接的结果就是满足客户期望变得越来越困难，维持客户满意度需要花费的代价和成本会越来越高，客户对无偿服务与额外服务的需求会越来越多。由此，作为服务人士与服务企业，至少会面临两大令人尴尬的后果：

（1）由于客户过高的期望值而导致客户不满的概率越来越高，而客户不满就会导致客户对服务人士与服务企业信任度下降，直接的后果就是大大增加了以客户信任为基础的引导客户新购买需求的难度（见图3－1）。

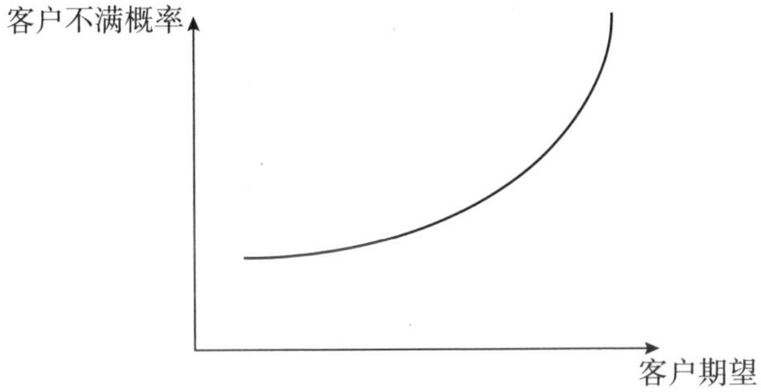

图3－1　客户期望与客户不满的线性表示

（2）客户期望值越高，也就意味着对无偿服务与额外服务的要求越多，服务人士与服务企业将花费更高的成本和精力去提供无偿服务和额外服务，来满足客户越来越高的期望，这在很大程度上会挤占向这些客户提供有偿产品与服务的空间，从而降低有偿服务（产品）的购买（见图3－2）。

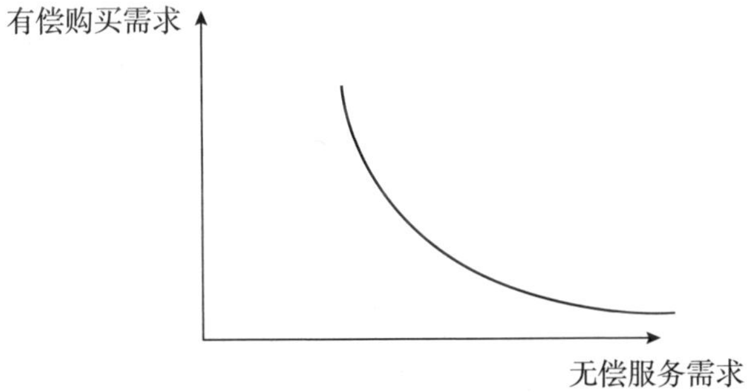

图3－2　无偿服务需求与有偿购买需求的线性表示

3. 服务中客户期望的三种处理与应对方式

服务理念的不同，服务目标的不同，服务中对客户影响力的不同，就会产生不同的应对与处理客户期望值的方式，也会导致不同的服务结果与销售业绩表现。某著名汽车品牌的一家金牌4S店对几位客户经理进行年度“最佳客户经理”评选的实景考试，三位候选人不同的行为与方法，恰恰反映出他们对于客户期望值不同的处理与应对方式。

陈冰、李强、黄林都是一家汽车4S店负责维修接待的客户经理，正在参加公司举办的年度“最佳客户经理”评比的关键环节——实景考试。

三人在不同时刻接待了同一位车主，而车主反映的也是同一个问题。在汽车保养做完后，车主表达了希望免费保养的要求。这位车主的行驶里程数刚刚超过了免费保养的上限，按照规定需要全额支付车辆保养的相关费用。但这位车主认为，他从远郊经济开发区的公司出发时行程里程数未到规定的上限，况且4S店也没有及时提醒他来保养，所以希望这次保养4S店能破例免费。

· 陈冰的处理方式

陈冰的想法是以客户满意为唯一目标，尽量去迎合与满足车主的需要。在实际处理中，他对车主的想法表示尊重与认同，迅速向上级反映，并快速争取为这位车主免费提供保养，对车主的需要表示理解、认可与尊重，尽量让车主满意，希望车主下次多光顾。

· 李强的处理方式

李强的想法是，车主要免费保养的要求不符合公司的政策与规定，因此这个先例不能开，但要确保让车主理解并接受自己的建议，李强的处理分两个步骤：

步骤一：

李强对车主的情况表示理解和惋惜，但同时告诉车主这个品牌的全国300多家4S店对免费保养都执行严格的规定，统一以里程表的公里数作为唯一标准。哪怕自己愿意帮忙，把信息输入到内部的电脑系统也通不过。之前也遇到过几次类似的情况，哪怕最后客户找到总经理，结果也因为政策的严格而没有达成所愿。

步骤二：

李强等到解释工作做得差不多的时候，特地把服务总监请来，服务总监把车主邀请到VIP休息室，倒上热茶，表达歉意。因为时至中午，服务总监让工作人员送来了可口的工作餐。同时，李强当着服务总监的面，希望给这位车主特批一个价格优惠，服务总监面露难色，在李强的再三请求下，终于特批了一个价格优惠，李强看到车主脸上露出满意的笑容。

· 黄林的处理方式

黄林的处理方式，步骤一和步骤二与李强几乎完全相似。不同的是，黄林和车主从VIP休息室走出来时，进一步称赞对方真有面子，他说自己来4S店工作这么多年，这是第一次看到服务总监特批了这么大的优惠，听得车主兴奋不已。黄林又诚恳地提醒，今后随着汽车车龄的增加，保养和维修的费用将会不断增加，也是一笔不小的开销。这话说得车主连连点头，深表认可。黄林建议，如果车主家就在附近，今后一直会来保养维护的话，就可以和一些老车主一样，办一张VIP金卡，虽然需要购卡费用，但几年算下来，所省下的费用远远不止；况且VIP金卡客户每次都能获得免费的汽车打蜡等美容项目，以及免费上门取车、免费拖车等额外服务……10分钟后，黄林送车主出门，对方手里拿着这次保养的付款发票和办好的VIP金卡，连声道谢……

陈冰、李强、黄林，三个人都是4S店优秀的客户经理，然而对于同样的服务情境，他们却采取了不同的客户期望值处理与应对方式。

而在各行各业大量的服务实例中，陈冰、李强、黄林的行为也分别代表了三种客户期望值的处理与应对方式。

（1）满足（超越）客户期望。“满足（超越）客户期望”追求的是服务过程中，尽可能去迎合与满足客户的需求，通过不断提供达到甚至超过客户期望的服务内容与服务体验来确保客户满意度，这是一种“唯客户至上”单向的视角和态度。满足（超越）客户期望这一应对方式中只有一个变量，即客户实际“服务体验”的不断改变与提升。正如陈冰的服务行为，以尽量满足客户要求，尽一切可能让客户满意为其追求的唯一服务目标。

（2）管理客户期望。“管理客户期望”的目标是客户满意度的提升或者客户满意度的维持。这一方式首先会致力于促使客户“服务期望值”的降低，接下来会通过提升客户的“服务体验”来超越其已经降低了的服务期望。“管理客户期望”中有两个变量，一个是客户“服务期望值”的降低，另一个是客户“服务体验”的提升。通过两个变量的一降一升来实现客户满意的提升或者维持。在李强的应对与处理中，步骤一正是降低客户期望值的过程，而步骤二是在客户已经基本放弃免费保养这一期望的基础上，通过表达尊重以及特别优惠等，再次超越其期望值。

（3）驾驭客户期望。“驾驭客户期望”追求的是“实现客户满意”与“提升客户新购买需求”的双重目标，这一方式推动的是从服务流程到销售流程的过渡与衔接。“驾驭客户期望”中两大变量也是客户的“服务体验”与“服务期望”，但并非仅限于先降低客户期望，再通过提升服务体验超越客户期望。“驾驭客户期望”更会在满足或超越客户期望实现客户满意与感动的基础上，再次提升客户新的期望，并且通过提供有偿产品或者服务的方式满足客户新的期望。

正如黄林的处理方式，他充分利用客户的认可与信任，进一步提升了车主今后希望能在更长的期限中，尽量节约越来越多的维修与保养费用的期望。而4S店的VIP金卡服务，正好满足了客户的这一刚被提升的期望。于是客户满意得以确保，客户新的购买需求被成功开发。

在“驾驭客户期望”过程中，客户期望值的降低、满足与超越，然后再次被提升的步骤，我们称之为客户期望值的降低—满足或超越—再提升三部曲（见表3－1）。

表3－1　客户期望值的三种应对方式

客户期望应对方式	改变要素	采用方式	目标
满足（超越）客户期望	服务体验	提升客户的服务体验，保持客户的服务期望不变	提升客户满意度
管理客户期望	服务体验/客户期望	降低客户的服务期望，提升客户的服务体验	提升或者维持客户满意度
驾驭客户期望	服务体验/客户期望	客户期望值的降低—满足或超越—再提升三部曲	提升或者维持客户满意，促进客户新的购买需求

4. 客户期望有效驾驭三部曲

驾驭客户期望追求的是实现客户满意与促进新购买需求的双重目标，体现的是服务流程通过赢得客户信任而顺利向销售流程的转化与过渡。

为了更好地实现上述目标，服务人士需要启动客户期望值的降低—满足或超越—再提升三部曲。在服务前期通过降低客户的期望值，使服务过程中满足并超越期望变得相对容易和可行，进而使客户对服务人士的信任度和亲切度迅速增加和累积。在此基础上，服务人士需要趁热打铁，进一步提升客户更新、更高的期望值，并且把客户更高的期望与客户新的购买需求紧密结合，顺利实现从服务向销售的转化（见图3－3）。

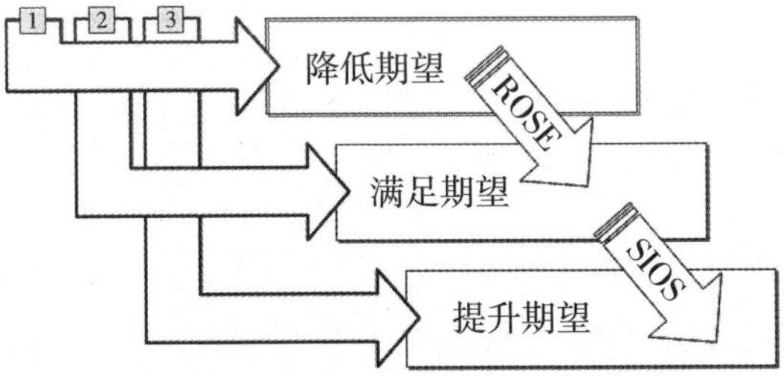

图3－3　期望与购买需求的转化

这其中的每一个步骤虽然功能各异，却环环相扣，每一个步骤都是为下一个步骤的成功建立基础，步骤与步骤之间的衔接与过渡尤为关键，我们称之为控制点。

（1）期望值的先降低再满足与超越——ROSE 模型。

客户期望值的降低—满足或超越—再提升三部曲，一个重要的控制点在于，在客户的期望值被有效降低后，服务人士是否能通过提升服务体验来满足并超越客户已经被降低的期望值。在这个控制点中，我们可以用 ROSE 模型来描述具体的行为步骤：

· R 即 REDUCE，首先降低客户的原有期望值。

· O 即 OBJECTIVE，为客户设定新的期望值目标。

· S 即 SATISFY，满足客户的期望值。

· E 即 EXCEED，超越客户的期望值。

在 ROSE 模型中，客户期望值的降低与再设定，是为了接下来的期望值满足与超越做好铺垫，而期望值的满足与超越正是期望值降低的目标。

纵观从客户期望值的降低到满足超越的 ROSE 模型的全过程，其核心任务是赢得客户信任、好感甚至感动，为接下来客户期望值的再提升、客户购买需求的进一步引导埋下伏笔。

（2）期望值满足与超越后的再提升。客户期望值的降低—（满足）超越—再提升三部曲中，一个重要的控制点在于，当服务人士满足并超越了客户的期望值，使客户对自己的信任度和好感度迅速增加和累积时，是否能趁热打铁，进一步提升客户更新更高的期望值，并且把客户更高的期望与客户新的购买需求紧密结合，顺利实现从服务向销售的转化。

在这个控制点中，我们可以用 SIOS 模型来描述具体的行为步骤：

· S 即 SATISFIED，ROSE 模型使客户的期望值得到满足与超越，实现了客户满意。

· I 即 INCREASE，服务人士重新提升客户某些方面的期望值。

· O 即 OBJECTIVE，为客户设定新的更高的期望值目标。

· S 即 SATISFY，通过产品与服务的购买，满足客户新的期望值。

在SIOS模型中，客户期望值在ROSE模型的基础上得到了满足与超越，这正好是为了接下来的期望值再次提升与新期望值目标的设定奠定基础。

而客户新提升的期望值目标，不再通过更多的无偿服务或服务体验的提升来满足，而是被引导到产品或者服务的购买需求。

5. 驾驭客户期望值的两大齿轮

驾驭客户期望的三部曲，每一步和下一步之间相互衔接、步步推进，就好比一个在不断往前“传动”的流水线。整个期望值驾驭的过程就好比产品的生产，从刚开始的“原材料（未被影响的客户期望）”，到接下来的“中间品（被降低的客户期望）”，到下一步的“半成品（被满足与超越的客户期望）”，再到最后“成品（被再次提升并通过购买获得满足的客户期望）”的下线，从而完成整个流水线一次成功的“传递”（见图3－4）。

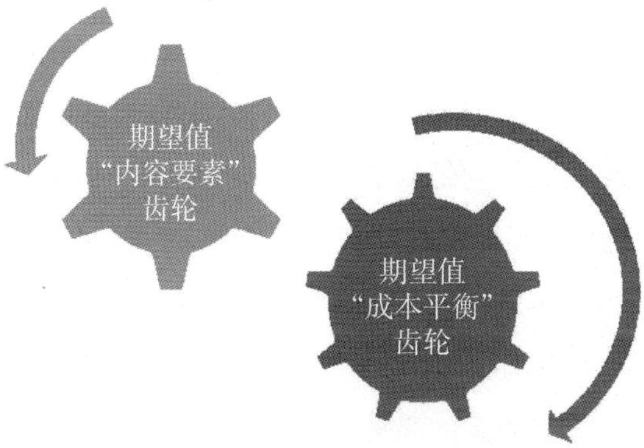

图3－4　驾驭客户期望值的两大齿轮

而流水线成功向前传递，需要隐藏在下面的我们看不到的齿轮的相互作用，任何一个齿轮停止运作或者出现问题，都会导致“流水线”的停顿或故障。

“驾驭客户期望三部曲”这一流水线下面，就有服务人士绝对需要特别关注的两大齿轮。

（1）客户期望值“内容要素”齿轮。客户期望值的内容构成其实并非单一的，而是由多个要素组成的综合结果。例如，乘坐飞机的旅客，其期望值可能由等候时间、机票价格、飞行安全、飞行时间、餐饮质量、空姐服务态度、座椅空间与舒适度、娱乐设施等构成。

对于不同需求的客户，期望值的差异体现在这些内容要素在他们心目中权重排序不同。或许有的旅客特别关注价格，宁愿牺牲舒适性、餐饮等内容要素。而另一些旅客却会把舒适性、个性化服务等看得最重，因此，他们会花费更高的价格选择商务舱甚至头等舱。

那具体如何去驱动客户期望值“内容要素”齿轮呢？服务人士需要在驾驭客户期望值三部曲的各个阶段，学会诊断与分析客户期望值内容要素的权重排序，并根据自身服务与产品的优势，相应地去强化或改变客户心目中期望值内容要素权重的排序。

如果客户期望值中权重较高的内容要素，恰好是服务人士能够满足的，则服务人士就需要在客户心目中对这一个或者多个内容要素进行“强化”或者“放大”。

如果客户期望值中权重较高的内容要素，恰好是服务人士不能够满足的，则服务人士就需要在客户心目中，弱化这一个或多个自己不能满足的内容要素的权重，并且强化自己能满足的期望值“内容要素”在客户心目中的权重。

（2）客户期望值“成本平衡”齿轮。客户期望值驾驭三部曲的全过程中，尤其需要服务人士考虑“服务成本”这一重要因素。

客户期望值的不断膨胀和高涨，直接导致维持同样的客户满意程度，需要付出更大的服务成本和更多的服务努力。

之所以客户期望值驾驭三部曲的第一步是降低客户期望值，就是希望接下来可以更低的服务成本与更小的服务代价来获得同样甚至更高的服务满意。

之所以在客户期望值驾驭三部曲中的“满足与超越客户期望”部分，会强调“适度超越”而不“过度超越”，就是期望能实现“服务满意/服务成本”这一比率的最大化。

之所以会把客户期望值的再提升与客户新购买需求结合，就是希望服务人士学会把客户对无偿服务的需求转移到对“有偿产品与服务”的购买，实现服务努力的最快最佳回报。

客户期望值驾驭三部曲的每个步骤，都需要通过“成本平衡”齿轮来有效推动。三部曲逐步推进的过程，必须严格防止客户期望值被引向过多的“无偿服务”与“额外服务”，而应通过切断客户对“无偿服务”更多的企图，把其“期望值”引向有偿产品与服务的购买。

第二节　服务中客户期望值驾驭三部曲

为了更好地实现客户满意，服务人士不能一味地迎合客户不断高涨的服务期望，而应在服务前期通过引导有效地降低“客户期望值”，随后在服务过程中去满足与超越“客户期望”。

接下来，为了在服务过程中同时实现“客户满意”与“客户购买”两大目标，服务人士在满足与超越已经被降低的客户期望的基础上，应再次提高客户期望值，并把客户提升后的期望值引导到产品与服务的购买上来。

在服务过程中，客户期望值的降低、满足与超越以及再提升，被称为客户期望值驾驭的三部曲。

在一家高档的咖啡馆里，某公司高级白领 Jason（杰森）按响了服务铃，一位气质高雅的服务员走了过来：

“您好，有什么可以帮您的吗？”

“服务员，今天出的《中国经营报》有吗？”

“真的很抱歉，我们总共订了五份，都已经发完了。”

服务员说完后察觉到 Jason 脸上露出了失望的神色，她接着补充道：“您看等会如果有了，我马上帮您送过来好吗？”

“可以啊，谢谢您！”Jason 边说心里边想：这个服务员还是挺善解人意的，但大多数这都是客套话，或许稍后她就忘记了。

十分钟后，让 Jason 没想到的是，这个服务员居然把他要的报纸拿来了。“这是您需要的《中国经营报》，另外我还帮您多拿了一份《21 世纪经济报道》，希望对您有用。”

Jason 大为感动，作为商务人士，他最喜欢边喝咖啡边看财经类报纸。

“我看您是位成功的商务人士，信息对您很重要，我们的不少 VIP 客户都能享受到提前准备好最新的财经类报刊的服务。”

“另外，我们还为像您这样的商务人士专门布置了 VIP 客户专区，那里有非常惬意舒适的环境，有可以眺望整个外滩的景色，有各类最新的报刊，有滚动发布最新财经新闻的液晶屏幕，还有外面看不到的财经类内刊。”

“是吗，怎样才能享有 VIP 服务？”Jason 立刻起身，兴致勃勃地说。

“我们针对像您这样的成功人士，专门设计了限量版的 VIP 贵宾卡，您看需不需要拿来给您看一下？”

这段短短的对话，却清晰地反映出服务员成功驾驭客户期望的每一个步骤：

（1）降低期望值——“真的很抱歉，我们总共订了五份，都已经发完了。”

（2）设定新期望值——“您看等会如果有了，我马上帮您送过来好吗？”

（3）满足新的期望值——十分钟后，让 Jason 没想到的是，这个服务员居然把他要的报纸拿来了……

（4）超越客户期望值——“另外我还帮您多拿了一份《21 世纪经济报道》，希望对您有用。”

（5）提升客户期望值——“我们的不少 VIP 客户都能享受到提前准备好最新的财经类报刊的服务……另外，我们还为像您这样的商务人士专门布置了 VIP 客户专区，那里有……”

（6）满足客户新的购买需求："我们针对像您这样的成功人士，专门设计了限量版的 VIP 贵宾卡，您看需不需要拿来给您看一下？"

1. 降低客户期望值四轮驱动

在上海世博会期间，最让游客难以忍受的就是漫长的排队。不论是中国馆还是其他热门的场馆，门口总会排着长长的队伍，一等就是几个小时。在长长队伍的不同位置，都有一块指示牌，上面写着"还需等待2小时""还需等待1小时"……

看到这些指示牌，游客就会默默地在心里计算时间，但是当轮到自己的时候，游客会惊喜地发现花费的时间比预料的少了不少，这究竟是什么原因呢？原来这些指示牌上标注的时间要比实际花费的时间长一些，这就导致以之为参照，游客会觉得实际用的时间会少一些，这种做法的本质就是"降低客户期望值"。

降低客户的期望值，帮助客户设定一个更低的期望值目标，这是期望值驾驭三部曲中非常关键的第一步。是否能在服务初期降低客户的期望值，是衡量一个服务人士成熟与否的重要标志。有经验的服务人士或销售人士都特别擅长利用各种技巧和方法有效降低客户期望，我们把这些碎片化的方法和技巧进行了高度提炼，浓缩成降低客户期望的整体套路，并称之为"降低客户期望四轮驱动"，这四个轮（见图 3－5）分别是逻辑反转、搭配选项、条件挂钩和焦点转移。

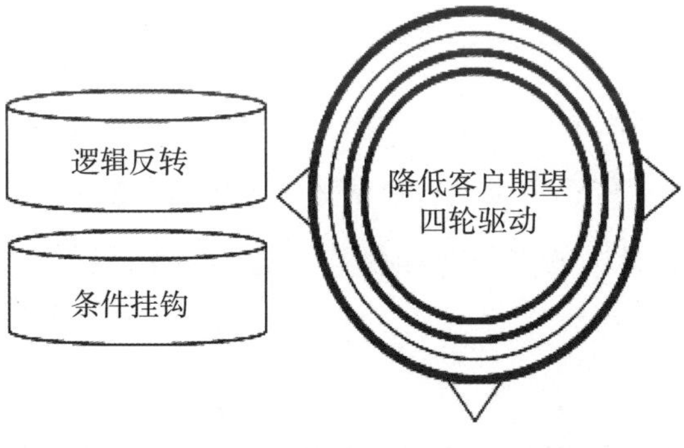

图 3－5　降低客户期望四轮驱动

（1）逻辑反转

客户的期望值，往往建立在客户自己的逻辑思维基础之上。因此，如果能对客户的逻辑思维进行反转，就可能改变客户的期望值。

客户：你们这里的上网费用，实在太贵了，每小时要15元。我已经付了这么贵的房费，还要额外支付这么贵的上网费。还5星级酒店，连普通的快捷酒店都不如，那里的上网全免费的！

服务经理：林小姐，真的非常抱歉由于上网费的问题让您感到不愉快。可能您会觉得有些奇怪，但事实上在酒店行业，越是星级高的酒店，上网资费肯定就越贵，而越是星级低甚至没有星级的酒店，上网费却往往很低甚至免费。这就好比停车收费，越是市中心越是高档的地方，停车费用就越贵，而越是偏远的地方普通的地方，停车费用就越便宜，您说是不是这个道理啊？

从对话中我们不难发现，客户的期望值是建立在她自己的逻辑思维基础之上，那就是酒店星级越高，上网资费应该越低甚至免费。而服务经理则通过专业的解释和巧妙的类比，努力反转客户期望值中的逻辑关系，从而达到降低客户期望值的目的。

购买豆腐的顾客：你这个豆腐颜色怎么这么黄啊，说明豆腐有问题啊，还卖这么贵。

豆腐西施：您有所不知啊，之所以我的豆腐颜色黄，正是因为我的豆腐没有加任何漂白剂和添加剂，这正是我豆腐的特色和优势啊。

这个世界上任何事物在逻辑上都是两面的，服务人士或销售人士如果能抓住逻辑上的“反转点”，就能迅速引导客户认知，改变客户思维，降低客户期望。豆腐西施就是把客户认为的“豆腐颜色黄”这个不足，反转成“自己豆腐纯天然绿色健康”的优点。

（2）条件挂钩

面对客户的期望值，我们可以不选择说“NO”，而是把说“NO”变成说

"IF"（把说"不"变成说"如果"）。当客户的期望和要求我们无法马上满足时，或者客户的期望超越了我们的政策、规范和流程时，如果我们直接说"不"，则在心理和情感上会刺激客户，甚至导致逆反和抗拒。我们可以运用条件挂钩法，告知客户如果需要我们满足其条件，则客户也需要同时满足我方提出条件。这种向客户提出反向条件以降低其期望的手法，叫作条件挂钩法。

[情景一]

儿子：爸爸，给我买一辆平衡车吧。爸爸：儿子，爸爸不是不想给你买，爸爸希望你的礼物都是自己努力争取来的。如果这次期末考试你能进前五名，爸爸就一定给你买。

[情景二]

业主：我一定要把这个墙敲掉，否则我的采光很不好。物业经理：陈先生，我非常理解您，但毕竟这是承重墙，一旦敲掉会影响整栋楼的结构，以及未来房子的买卖。这样吧，如果您能写个承诺书，保证一切因此引发的房屋结构变化和损失全部由您承担，我相信我再去申请，也好说很多，您说呢？

[情景三]

客户：我要求至少再优惠 10%。销售经理：李总，我们给的已经是底价了，真的很难办。这样吧，看在您的面子上，如果您能把合同期延长到三年，那我和老板申请也有底气了，行吗？

在以上情境中，不管是爸爸、物业经理还是销售经理，面对对方的要求，并不直接回绝，而是反过来向对方提出一个条件。这样做的好处是，一方面客户对服务人士不会产生情感上的迁怒，反而认为我们在帮其出谋划策想办法。另一方面很多客户往往面对挂钩条件会选择知难而退，放弃对原有要求的坚持。

(3) 搭配选项

从客户期望角度来分析，他们总是希望尽可能得到最完美的结果，即在最差和最好之间选择最好的结果。而优秀的服务人士则擅长为客户重新搭配选项，即让客户明白任何选择都不是完美的，没有最佳选项，也没有最差选项。在服务人士重新引导的选项中，貌似好的结果中也有差的一面，貌似差的结果中也有好的一面，从而引导客户理性思考，放弃不合理期望。

客户：我希望你提前一周交货，务必保证质量和品质。

客服：李老板，您是内行，肯定知道为了赶进度，难免会影响品质和质量，这两者真的难以平衡。这样吧，有两个方案，您看哪个更适合您。方案一，进度还是按照原计划，产品品质100%达到您的要求；方案二，我们愿意赶进度配合您，但品质合格率需要从B标准降低到C标准。

客户：这样啊……那还是按照原来进度吧。

从这个小案例中可以看出，客户的期望是优者全优，即既要大写的A（提前交货），也要大写的B（高标准品质），不要小写的a（按照原来进度），也不要小写的b（降低品质标准）。而服务经理则重新为客户框定了新的选择范围，让客户明白，不是在A+B和a+b之间进行选择，而是在A+b或a+B之间进行选择。

(4) 焦点转移

客户期望值中的某些要求，服务人士并不一定每次都要正面应对和解决，而可以采取转移注意焦点的方式，让这些要求自然瓦解和自动消退。

某会议组织机构的客户经理Jack（杰克）接到一家世界500强企业总经理秘书Lisa（莉萨）的电话，下面是他们的对话：

Lisa：请问你们下个月是否在上海有一场领导力方面的高峰论坛？我们CEO通过电子邮件收到了相关介绍，有兴趣参加，特地叫我来询问下细节。

Jack：感谢您的来电，是的，这次论坛有多位来自国外的著名领导力专家分享经验。

Lisa：报名费用是多少？

Jack：我们的席位分两档，普通席位是每位 4980 元，而 VIP 席位是每位 8880 元。

Lisa：价格不便宜啊，能给我们的最大优惠是多少？

Jack：我能先问一下你们 CEO 会选择普通席位还是 VIP 席位？因为 VIP 席位总共才 18 个，而且只提供给大公司的高层。

Lisa：你可以想一下，我们公司的 CEO 怎么会选择普通席位呢？

Jack：那真的要向您说一声抱歉了，因为我上午听会务部的同事说 VIP 席位已经全满了，所以可能要委屈您的老总坐普通席位了。

Lisa：普通席位肯定不行，你再帮我想想办法，看到底还有没有，实在不行，加一个 VIP 席也可以啊。

Jack：好的，那我马上帮您去问一下。但我事先和您说一下，VIP 席位是没有价格优惠的。

Lisa：价格无所谓的，关键有席位最重要，你问好马上给我电话。

Jack 与 Lisa 的对话来自于真实的工作情境。Lisa 受 CEO 委托报名参加 Jack 公司主办的领导力论坛，她的期望值是尽可能拿到优惠，以便在 CEO 面前体现出自己的工作价值。然而 Jack 没有选择正面地回应 Lisa 对价格优惠的期望，而是有意地制造了一个令 Lisa 更为关注的焦点，那就是很可能没有 Lisa 公司 CEO 所需要的 VIP 席位了。

对 Lisa 而言，如果没能为 CEO 争取到 VIP 席位，那情况要远远比没有拿到价格优惠严重得多，因而她关注的焦点被完全转移了，与此同时她对价格优惠的期望也自然消除了。

2. 满足并超越客户期望值的五度指针

满足和超越客户的期望值，即要求服务人士在服务过程中，抓住关键时刻，在可能的情况下，努力使自己的服务质量达到并超过客户的预期，从而创造“客户满意”甚至“客户感动”。满足和超越期望值，其目的是极大增加客户的信任感和好感，为下一步客户期望值再提升和客户购买需求激发奠定坚实基础。

我们往往习惯性地认为，满足和超越客户期望，就是尽己所能迎合客户的需要，提供客户所想要的服务内容和服务结果。然而在实际面对客户期望值时，我们作为服务方在资源、政策、条件和流程等方面总是存在各种限制与不足，与客户的预期之间总会存在难以弥合的差距和“鸿沟”。

但凡卓越的服务人士，他们对客户期望的理解和对满足客户期望的视角，并非“无限迎合客户所需”那么单一，他们会从不同的维度、不同的角度，以更低成本、更多元化的形式和手段赢得客户满意，甚至创造感动。

经过对大量实践经验的提炼总结，我们发现满足客户期望其实可以从五个维度展开（见图3-6），这五个维度被称为满足客户期望的五度指针。

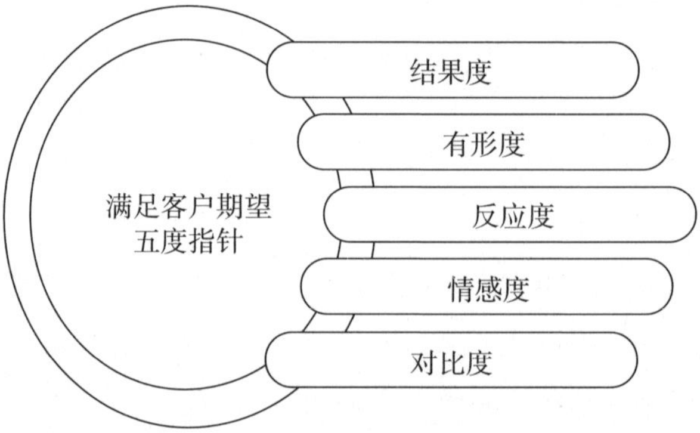

图3-6 满足客户期望五度指针

这五度指针代表了满足客户期望的五大路径，也是客户满意或者不满意的五个重要分析标准，这五度指针在客户满意度上所起到的效果具体表现如下：

（1）结果度：结果度就是通过实实在在给客户提供对方所需要的服务内容和服务结果来满足期望，赢得认可，获得满意。越是初阶的服务和销售人士，面对客户时越依赖和注重从结果度上赢得客户认可，但结果度却又是五个度中成本最高、限制最多的。优秀的服务和销售人士，在客户的要求和条件无法满足时，总能找到替代方案和变通方案，既能符合内部政策和规则，又能迎合客户需要，这才是通过结果度满足客户期望的高阶做法。

（2）有形度：有形度就是把努力争取、竭力付出、专业可信、规范放心的服务过程和服务进度展示给客户，从而赢得客户的满意、认可和安心。有些客户不仅期望得到结果，对服务过程的有形度也非常关注，甚至有的客户把有形度看得比结果度更重。优秀的服务或销售人士总会在结果度无法满足客户期望时，转而在有形度上做文章，同样也能获得部分客户的认可与满意。

王新是一家公司的服务经理，具体负责公司10多家重点客户的售后服务。王新最近得到了公司的嘉奖，因为在服务满意度的评比中，这10多家客户全部给了高分。

但从表面上看，王新好像也没有什么与众不同的做法和行动，可为什么客户这么欣赏和认可他呢？在表彰会之后的聚餐中，同事们向他讨教经验。王新乐呵呵地说："其实和你们相比，我真的没有什么特别之处，要说真有什么不一样，那就是遇到客户有什么要求时，我不会先说'可以''没问题'，而总是先告诉对方类似的情况有些难度，但自己肯定会全力去争取。"

王新接着说："然后我就第一时间给上司写一封热情洋溢、情真意切的申请邮件，并特地把邮件抄送给客户。然后我的上司也会很'配合'地给我回邮件，陈述了之前类似情况为什么不批准的理由，最后强调看在老客户的面子上破例一次，希望下不为例，当然这封邮件也会被我转发给客户。如此这般，我就把如何努力帮客户去艰难地争取下来的过程全部展示给客户看，让客户真切地感受到申请进程的不确定性和艰难性。很多客户在他们的要求被最后满足以后，都会来邮件或者电话向我表达他们的感谢。哪怕要求不能被满足的客户，也会表达他们的体谅甚至谢意，因为他们'看到了'我为他们全力以赴争取和努力的过程。"

王新的所谓经验，其本质就是巧妙地运用了满足客户期望的五度指针。当结果度一时无法满足客户期望时，他就从有形度上做文章，把为客户努力争取的过程展示给客户，从而获得客户的认同和满意。

（3）反应度：反应度就是向客户提供结果、提供反馈、提供回应的速度和效率。不少客户对反应度的要求很高，只要服务人士或销售人士反馈不及时、行动不迅速、结果有拖延，他们就会产生强烈的不满，即便最终获得了想要的结果。因此，我们在面对客户期望时，不仅要注重结果度和有形度，也要关注客户是否在意反应度，否则即便付出了高成本的努力也不能换来客户的认可，甚至还会产生强烈不满。

（4）情感度：情感度是指在服务过程中，通过给予客户情感上的共鸣和心理上的满足来赢得认可，从而实现客户满意。不少优秀的服务人士或销售人士，在服务过程中不仅注重“事”，更注重“人”，他们总会通过嘘寒问暖、赞美求教、聊兴趣点、找共同点等方式给客户带来心理上的愉悦、开心、快乐和共鸣。实践表明，有不少客户就是因为情感度得到了充分的满足，从而大大降低对结果度、有形度和反应度的要求和条件。

（5）对比度：所谓对比度，就是通过让客户感到获得的服务和得到的结果是与众不同的、独一无二的、差别对待的、特别照顾的，从而在内心产生加倍的满足感和愉悦感。从心理学角度分析，客户不仅想获得所需要的服务内容和结果，更希望自己得到的是其他人无法获得的。有专家认为，任何一个服务结果只要加上对比度，客户的心理满足感至少提升 2 倍以上。

> 有一位来自美国的华人商务人士，每次到上海都会入住一家指定的酒店，而他青睐与选择这家酒店的原因非常耐人寻味。之前他只是路过这个酒店，想上一下洗手间。当他问大堂经理洗手间的位置时，大堂经理彬彬有礼地进行了解答和示意。更让人想不到的是，大堂经理说了句：“先生，您的气质和他人不同，今天我就破个例，我亲自带您去过去吧，您可是我这辈子唯一一位提供如厕指引的贵宾啊。”大堂经理的幽默让客户大笑，同时对这段经历留下深刻印象，以后每次来上海他总会在这家酒店下榻。

从这个小故事中我们不难发现，大堂经理不仅在结果度上满足和超越了客户期望，更配合了对比度，让客户感到极大的心理满足。

表3－2　满足客户期望五度指针

五度指针	要点说明	实战口诀
结果度	以给客户提供对方所需要的结果，满足对方的条件或者提供对方能接受的替代方案来满足客户的服务期望	先守再放 替代方案
有形度	以向客户展示自己尽可能为其竭力争取，以及用心提供帮助支持的过程、细节、详情，让对方感到自己提供服务的诚意和真实性	演绎过程 展示进程
反应度	在既定的时间内，快速地为客户提供所要的服务和结果，并且让对方认识到快速提供是因为自己的努力	快速反馈 效率速度
情感度	通过情感交流、赞美、嘘寒问暖、诉苦说难等手段，在心理上让对方接受自己、认同自己，感到愉悦快乐	情感认同 人际互动
对比度	通过对比反差，让客户感知到，他所得到的结果，比其他人更多、更好、更快、更特别	对比反差 特殊对待

3. 客户期望值再次提升的两大结合点

不少企业以及服务人士都会把超越客户期望作为服务过程的终点与最高境界，然而根据“服务过程中实现销售提升”这一更高目标与追求，这显然还是不够的。

在超越客户期望实现客户满意与感动的基础上，服务人士需要进一步提升客户的期望值。当然，进一步提升客户期望值的目的，就是把客户更高的期望引导为更多新的购买需求。

让我们来分析以下三个看似简单而普通的服务对话背后所隐含的原理与技巧：

（1）感谢陈先生对我们软件系统的肯定，而且我们也知道您对软件的工作速度与效率特别关心。顺便提一下，如果陈先生期望我们软件的运行速度能进一步提升甚至是原速度的两倍，我们即将上市的新版软件则完全能满足甚至超越您的要求，您看需不需要我为您演示一下？

（2）非常高兴李总能肯定我们的服务响应速度。为了满足像您这样的大客户进一步提升响应速度的特别要求，我们这个月将我们的运输车队进行全新配置和更新，希望两个月后，我们的响应速度能提高1/3，当然短期内这样的服务仅提供给和我们签年度合作协议的客户。

（3）感谢您对我们办理手续效率的夸奖，如果您希望在两分钟内完成全部手续的话，我们的VIP贵宾卡或许对您更合适。

不难发现，不管是软件系统的推荐、物流运输服务的更新，还是办理手续效率的提高，服务人士都在做同一件事情，那就是再一次提升客户的期望，并且把客户提升后的期望与自身的产品与服务紧密结合。

服务过程中，在客户的期望值先被降低再得到满足与超越后，如果要再次提升客户的期望值，则需要特别关注两大结合点：

（1）提升客户期望值与激发新购买需求的结合

服务人士在服务过程中，选择再次提升客户的期望值，不应是盲目和随意的，而应有非常明确的指向性和目的性，就是能激发客户某方面的购买需求。

有一家五星酒店，由于隔壁的体育场在举行国际级的比赛，大量的运动员和教练入住，导致客房基本满员。一位老客户刘先生刚入住，只能住在一个朝向及窗外景色不是很好的房间。

但是酒店的细致服务和热情招待还是赢得了刘先生的满意，酒店客房的陈经理还特地把客户刘先生送到房间。

陈经理："非常谢谢您又来入住我们酒店，有什么需要可随时联系我。"

刘先生："也谢谢你们的热情，我每次到这里总是住你们酒店的。"

陈经理："是的，刘先生。像您这样的国际商务人士，入住我们酒店，是我们的荣幸。选择我们酒店的客人，除了看中我们的餐饮特色外，也非常满意我们酒店迷人的夜景。晚上拉开窗帘，就是对面体育场迷人的灯光夜景。"

刘先生："是吗，之前我不是太注意。陈经理，我还是不拉开窗帘为好。"（走到窗边拉开窗帘，看到的却是城市脏乱的一角）

陈经理："真不好意思，因为这次特殊情况，下次一定给您换景色最好的房间。"（显得尴尬）

刘先生："我是老客户，这次能换就帮我换一下。"（略显不满）

陈经理提升了刘先生的期望值，但却既不能激发新的购买需求，又不能通过服务满足，因此陷入"尴尬"境地。

有的时候，服务人士再次提升客户期望值的行为，不仅不能与激发其购买需求相结合，反而进一步提升了客户对无偿服务或者额外服务的要求，那非但不能促成与提升销售目标的实现，反而需要花费更大的成本和精力去维持客户的满意度。

这就是服务人士在再度提升客户期望值时需特别关注的"南辕北辙"。

（2）客户新购买需求与可提供产品（服务）的结合

特别需要指出的是，服务人士在客户期望引导方面常常会掉入另一个"自掘坟墓"的误区，即自己帮助客户激发的购买需求，恰恰是自己所不能提供和满足的。以下是汽车 4S 店销售人员小张与购车客户李先生的对话：

李先生："非常谢谢你周到的介绍，我开车是个新手，车子的哪些功能对新手很关键？"

小张："李先生，作为新手安全指标很重要，而我们品牌的车子是以安全著称的。当然很多新手开车上路问题都不大的，主要是担心停车停不好。"

李先生："是啊，停车对我来说是有难度的。现在一般汽车有哪些功能可以帮助停车呢？"

小张："现在汽车一般会装倒车雷达，还有倒车影像系统，有的车还配有自动泊车系统。这个系统那真是神奇，手指一按就可以轻松自动停车了。"

李先生："这个好啊，你们的车有这个系统吗？"

小张："不好意思，我们的品牌暂时没有配备这个系统。"

李先生："价格不是问题，关键是对我这样的新手有用。这样吧，我到对面 4S 店再去看一下……"

在小张与李先生的对话中，小张为了迎合李先生，把客户的期望值一步步引导到了自动泊车系统，结果自己又不能提供，为他人做了“嫁衣”，这样的例子在服务与销售的过程中并不鲜见。

一旦客户的期望值被再次提升，客户的新购买需求被成功激发与引导，那服务人士必须马上提供能满足客户新购买需求的产品或者服务。

可以说，提供可靠的产品或者服务去迎合与满足客户新的购买需求，是整个“服务中实现销售”流程中创造价值的一步。

第三节　服务中客户期望值驾驭的两大齿轮

一、影响客户期望值中不同“内容要素”的权重

在服务过程中，驾驭客户期望值的降低—满足并超越—再提升三部曲，在实际应用中，需要特别关注客户期望值的“内容要素”这一齿轮。

就如之前我们所提到的，客户的期望值就具体内容而言，通常并非只有一个单一的要素，而是由多个要素综合而成。每个客户对期望值中各个内容要素的权重排序都不尽相同。

1. 诊断与分析客户期望值中的“内容要素”权重排序

平安夜那天，张明携几位好友去一家高档酒店用餐。由于是酒店的老客户了，张明直接找到大堂经理金星。

张明：“金经理，有 VIP 包间吗？”

金星：“张先生，很抱歉，VIP 包间现在都满了，您如果需要可能要等 30 分钟。”

张明：“要 30 分钟啊？（张明询问了身边几个朋友），尽量不要超过

15分钟吧。同时你需要帮我们安排一个专门的休息区！”

金星：“15分钟？（问了下身边服务员）好的，没问题，真不好意思了！对了，张先生，有件事情需要您的特别理解配合，今天是平安夜，我们酒店只接受现金或信用卡付款，不能用VIP卡冲抵。”

张明：“啊？怎么有这种说法，用VIP卡还分什么日期吗？”

金星：“张先生，公司的规定，还需要您这个老客户支持啊，这样吧，您和我关系这么好，在您埋单时，我帮您批一个特别优惠的折扣吧。”

张明：“好吧，那你就带我们去休息区！”

从这个小案例中，我们可以初步诊断出张明作为客户，其期望值的“内容要素”大致包括：

（1）需要VIP包间。

（2）等候时间不宜太长。

（3）等候时需要特别的环境和区域。

（4）最好用自己的VIP卡埋单。

（5）最好有特别折扣。

而张明作为客户，其期望值的“内容要素”不一定会得到全部的满足，那么他必须根据不同期望值“内容要素”在其心中的权重做出取舍。

从案例中可以分析出，对于张明而言，最重要的期望值内容要素是VIP包间，因为他与朋友们宁愿选择等候；而获得价格的特别折扣也是权重很高的“内容要素”，因为他可以为此而不计较用现金或信用卡付款。

而诸如“等候时间不宜太长”“等候时需要特别的环境和区域”“最好用自己的VIP卡埋单”等内容要素，虽然也是张明心中所期望的，但对于这几个“内容要素”的期许并不是非常强烈，并非不可协商和妥协的。

任何一个有经验的服务人士，对于自己所服务客户常见的期望值，都需要有一个最基本的“内容要素”清单，这个清单基本囊括了各类客户在服务时常见的期望值内容。

客户常见期望值“内容要素”清单，将为服务人士降低、满足（超越）

以及再提升客户的期望值提供具体的方向和有效的手段。

在前面的案例中，当张明惊讶地说“怎么有这种说法，用 VIP 卡还分什么日期吗”时，作为大堂经理的金星却主动提出了另一个客户很重视的期望值“内容要素”——价格折扣，来探测张明的反应。而结果明确无误地告诉金星，“价格折扣”在张明心目中的权重比“用 VIP 支付”更高。

2. 影响客户期望值中“内容要素”权重排序的两大方式

如果服务人士大致了解了客户期望值中的“内容要素”及其权重排序，则需要根据不同的情况施加不同的影响方式。

(1) 如果客户期望值中权重较高的内容要素，恰好是服务人士能够满足的，则服务人士就需要在客户心目中对这一个或者多个内容要素进行“强化”或者“放大”。

小方带着一对中年夫妇以及他们的父母和男孩，去看一套他所推荐的联排别墅。这对夫妇一家人在市中心的老房子里住了很多年，现在父母年纪大了，因此考虑卖掉老房子换套市郊的联排别墅以改善居住条件。

当他们全家走进别墅的花园，看到绿油油的草坪和盛开的桃花时，顿时欢呼雀跃起来。老夫妇情不自禁地说：“空气真好，是养老的好地方啊。”男主人眉飞色舞地说：“这里可以邀请一帮朋友开烧烤派对了。”

小男孩更是开心：“我今后可以不用整天关在小房间里了。”

进入别墅后，一家人左看右看，一丝细节都不愿意错过，整整花了一个小时才看完。

小方于是赶紧询问他们的态度和意见。女主人有些失落地说：“这个房子太靠近马路了，来往车辆的噪声比较大。原先的装修现在已经显得破旧，重新装修又得花一笔钱。并且别墅的楼梯好像特别窄，不知道是否安全。你还有别的房子可以让我们看看吗?”

小方笑了笑，没有正面回答，只说了句“让我们再去看一下花园吧”。一行人又来到将近 300 平方米的花园里。

“不瞒您说，这个花园是周边几个小区所有联排别墅中最大的，爷爷奶奶可以在这里种种花草，甚至种点蔬菜，这样的田园生活，这里的新鲜空气，两位老人家肯定健康长寿啊。”

“您看这个地方可以种几棵观赏树，那边可以做一个鱼池，小路的尽头可以搭一个葡萄架，葡萄架下面可以打一口井，夏天把西瓜放进井水里，那可真是清凉可口啊……”

随着小方的娓娓道来，一幅美好的生活画卷在一家人面前呈现开来……

“这样吧，你帮我打个电话给房东，问下价格最低能降到多少，如果可以，我们可以面谈一下”，女主人说。

从这个小故事中可以看出，聪明的小方敏锐地判断出全家人对“别墅的花园环境”这一期望值内容要素的偏好。在女主人提出房子地理位置、装修情况、楼梯安全性等其他期望值内容要素时，小方没有正面回应，而是抓住“别墅的花园环境”这一客户最注重的要素，进行有效强化和不断放大。

需要特别注意的是，再次提升客户期望并激发其购买需求的时候，客户并非会轻而易举地接受服务人士的建议，而是很可能会提出这样那样的异议。

因此，一旦服务人士发现客户最重视和关注的期望值“内容要素”正是自己能满足的，那就需要通过生动的语言和图像化的描绘对这一内容要素进行放大，目的就是让客户淡化和弱化那些服务人士不能满足的期望值内容要素。

每个客户心中都有一片“自己欣赏的花园”，服务人士需要把它找出来。

（2）如果客户期望值中权重较高的内容要素，恰好是服务人士不能够满足的，则服务人士就需要在客户心目中，弱化这一个或多个自己不能满足的内容要素的权重，并且强化自己能满足的期望值“内容要素”在客户心目中的权重。

Jessica（杰西卡）是一家基金公司的客户服务专员，有一天他接到一个老客户姚先生的咨询电话：

姚先生：“我收到一个电子邮件，看到你们的新产品介绍。但是我评估了这个新产品推荐的几个股票的业绩，以及基金经理之前的操盘情况，感觉收益率甚至还不如之前买的老产品啊？”

Jessica：“姚先生您好，感谢您对我们基金产品的长期关注。看来姚先生很注重产品的收益率啊。”

姚先生：“那当然，买基金不就是为求高收益嘛。”

Jessica：“您说得没错，收益率是每个客户都非常关心的重点。但是，您也知道，过去的一年市场动荡得很厉害，而且这样的现象估计会持续1～2年，因此我们的不少大客户都把关注点从‘收益率’转移到‘稳定性’和‘安全性’上来了。这个新产品，就是针对目前市场持续萧条和低迷的状况，追求的是安全和稳健，以最大程度确保像您这样的客户的财富保值增值。”

姚先生：“你说得也有道理，能更详细介绍一下吗？”

从这一段对话中可以看到，客户姚先生的期望值中，起初最看中的是“产品的收益率”。但是Jessica通过分析过去一年及将来1～2年市场的现状和特点，把姚先生的关注点更多地转移到了“安全性”和“稳定性”上。

可以预见的是，在接下来的进一步沟通中，Jessica会不断强调“安全性”和“稳定性”的重要性，不断弱化姚先生最初看中的“收益率”要素的权重，从而成功地影响和改变客户期望值内容要素的权重排序。

二、引导客户期望从无偿服务向有偿服务转移

任何一个有经验的服务人士，都特别注重服务中的“成本要素”齿轮，都特别善于在无偿服务和有偿服务之间求得平衡。

从大量的案例中不难发现，在为客户提供服务的过程中，很多服务人士总是习惯于通过提供尽可能多的免费无偿服务或者额外服务来迎合客户需要，以期望提升客户满意。而结果是，如果服务人士总是义务地承担额外的服务，那么客户就会习惯性地接受，并且认为这本来就是自己应当享有的。一旦有一次未能“正确”完成这些额外的义务，等待服务人士的将是客户的不满。

所以在客户提出额外的要求时，服务者一定要谨慎对待，不能轻易承诺。

1. 过多的无偿服务与额外服务的挑战

（1）客户对无偿服务的不断需求会增加实现客户满意的难度。无限制地满足与迎合客户对额外服务的要求，将导致客户期望值越来越高，也就意味着提升客户满意度会变得越来越困难。不断增加的额外服务要求，只要有一次没有被满足，客户就会感觉不满意（见图3－7）。

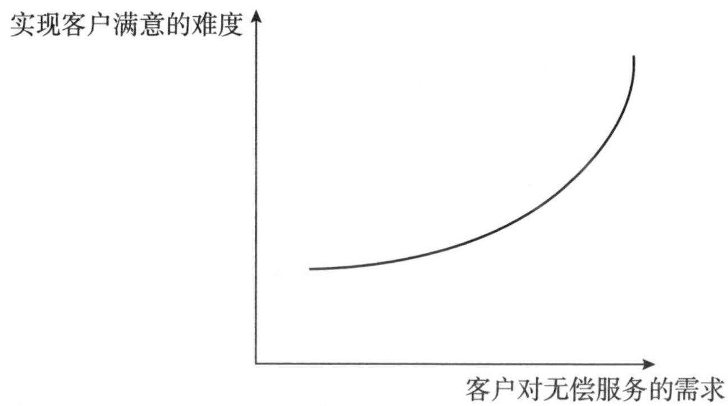

图3－7　实现客户满意度的难度

小张是一家培训公司的客户经理，他热心真诚，爱帮助客户，希望通过全心全意服务客户赢得客户的满意。小张有一位接触半年的客户，其培训经理以引进课程需要评估培训效果为由，经常要求小张提供公开课程的免费席位。而小张为了挖掘深入合作的机会，也是有求必应，尽量满足。有一次这个客户看中了小张公司与一家香港机构联合主办的公开课，要求来免费评估。而根据香港机构与小张所在公司达成的一致意见，现场不允许设立免费评估席位。小张只能如实相告，想不到客户意见很大，责怪小张没有合作的诚意。

（2）客户对无偿服务期望的提升会降低对有偿服务（产品）的购买需求。如果把客户需求和需要比喻成一个蛋糕，那这个蛋糕就是由无偿服务与有偿服务共同组成的。因而无偿额外服务部分的不断增加，也就意味着有偿产品或服务部分的不断减少（图3－8）。

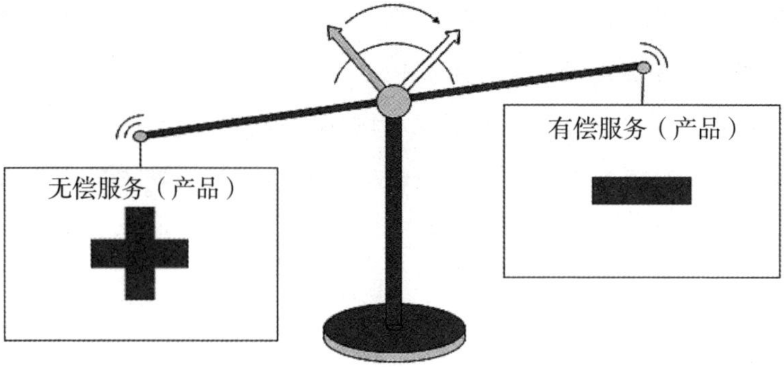

图 3-8 有偿服务与无偿服务

小王是一家公司的销售经理，为了维护与发展和一家潜在客户的关系，小王可以说是想尽了一切办法。小王赠送给客户产品的试用装让客户免费体验，给客户提供免费培训，还无偿地帮助客户解决他们遇到的问题，几乎可以用做牛做马来形容。可是，一旦谈到付费购买小王的产品，客户总是避而不谈。小王无奈地问自己：还要我怎么样?

2. 把客户对无偿服务的期望转化为对有偿服务的购买需求

把客户对无偿服务的期望转化为对有偿服务的购买需求，这是每家企业、每个服务人士都梦寐以求的，但在实际操作和实施中，却需要高超的沟通和引导技巧。下面我们可以通过“彩电”维修这一范例来加深理解。

某品牌彩电指定维修部，在临近下班之际，客户林跃来维修一台液晶彩电，并且提出一个要求，需要尽快维修好，最好当晚能拿到，因为第二天上午有一群朋友会来他家唱卡拉 OK。服务员余影进行了热情的接待。

林跃：“我需要今天晚上把这台彩电修理好，因为明天上午约好一帮朋友来我家唱歌，所以时间紧急。”

余影：“我知道您非常着急，我也真的想帮您解决问题啊，难得您有这么多朋友来，不能让他们扫兴啊。”

林跃：“是啊，那真是太没有面子了。”

余影：“但是，林先生，真的要和您说声对不起，您要是早一个小时，我都会想办法帮您解决。您看现在工程师都回家了，且关键的维修设备也被带走了。如果我自己会维修，我二话不说，马上就帮您解决。今天晚上肯定是拿不到了，最早也得明天上午了。”

林跃：“非得明天上午吗？我这个彩电才买了半年，还在保修期内呢。作为客户，出了问题，我肯定心里不舒服的。况且，我就担心万一明天上午在朋友们到来之前拿不到，就真的尴尬了。”

林跃：“如果实在不行，也只能明天上午了。不过我家住得离这里有点路程的，万一路上堵车，我就担心明天会耽误事。”

余影：“这样吧，如果可以，我帮您插个队，把您的维修单排到前面去。”

林跃：“好吧，那真的谢谢你。”

余影：“我看您还真挺着急的，如果今晚能拿到，一方面明天就不用再特地跑一趟了，另外今天晚上也可以预先把电视与 DVD 等设备调试一下，确保明天万无一失。”

林跃：“是啊，是啊，唉，谁叫我来得晚了，否则今天能解决多好。”

余影：“这样吧，林先生，我提供两个方案供您参考。要么就是明天上午拿，我尽量会帮您往前面排，但是否赶在您需要的时间前拿到，我真的不能 100% 保证；另一个备选的建议就是，如果您的确想今天晚上拿到，那我就打电话给工程师，让他过来帮您加班，但是您需要适当支付一定的加班费。两个方案随您选择。而这点加班费，我们公司不会赚您一分钱利润，无非就是给工程师过来加班的辛苦钱。天气这么冷，他又忙了一整天了，特地从家里跑回来给您修理，也挺不容易的，您说呢？”

林跃：“那行啊，麻烦您把工程师叫来吧，只要今天能搞定，付点加班费，只要不过分，我肯定愿意的。”

从这个案例来看，客户林跃最初的期望值是当晚就能修好并拿到彩电，因为彩电在保修期内，他的期望值中很可能不会接受支付诸如加班费等额外费用。

服务员余影首先降低了他的期望值，告诉他最早只能明天上午了，同时告诉客户，他愿意帮他插队到前面以确保明天早点拿到，这样就等于满足并超越了客户林跃被降低后的期望值。

紧接着，余影又把林跃的期望值进一步提高，并且告诉对方需要支付一定的加班费用就能实现“当天晚上就拿到”的目标，其本质就是把林跃原先对无偿服务的期望转移到有偿服务的需求。

把客户对无偿服务的期望转移到对有偿服务的需求，通常而言，可以采用以下四步流程：

（1）要对客户遇到的问题与困难表示感同身受。“我知道您非常着急，我也真的想帮您解决问题啊，难得您有这么多朋友来，不能让他们扫兴啊。”

（2）要对不能满足客户无偿服务的期望说明原因。“但是，林先生，真的要和您说声对不起，您要是早一个小时，我都会想办法帮您解决。您看现在工程师都回家了，且关键的维修设备也被带走了。如果我自己会维修，我二话不说，马上就帮您解决。今天晚上肯定是拿不到了，最早也得明天上午了。”

（3）提出无偿服务及有偿服务两个方案供客户选择。“这样吧，林先生，我提供两个方案供您参考。要么就是明天上午拿，我尽量会帮您往前面排，但毕竟有些风险；另一个建议就是，如果您的确想今天晚上拿到，那我就打电话给工程师，让他过来帮您加班，但是您需要适当支付一定的加班费。两个方案随您选择。”

（4）解释有偿服务的合理性，获得客户认同和体谅。“而这点加班费，我们公司不会赚您一分钱利润，无非就是给工程师过来加班的辛苦钱。天气这么冷，他又忙了一整天了，特地从家里跑回来给您修理，也挺不容易的，您说呢？”

第四章

服务中引导客户新购买需求的要点与策略

第一节　把客户满意转化为新购买需求的三大关键控制点

服务过程与销售过程的顺利过渡与衔接，关键在于当获得客户满意、赢得客户信任之后，如何抓住稍纵即逝的宝贵机会，促使客户产生新的购买欲望和购买冲动。

一位优秀的理发师在为客人提供满意的服务后，不失时机地推介公司开发的美容产品套餐并得到客人的愉快接受；一位五星级酒店的大堂经理在酒店服务赢得客户的赞许时，顺水推舟地介绍了酒店的 VIP 白金卡并得到客户的欣然认购；一位银行的客户经理在帮助客户解决疑难而获感谢时，恰当地推荐了合适的理财产品并得到客户的当场签购……

这些在现实生活中举不胜举的案例背后，无一不深刻揭示出从服务流程向销售流程成功的转化与衔接，无一不隐含着把客户满意迅速转化为新的购买需求和销售机会的原则与技巧。

然而，下面的一些例子却真真切切地表明了“满意服务”转化为“成功销售”并非如此简单，失败的范例比比皆是。

小张是某别墅售楼处的客户经理，他在为一位已购买小区楼王级别墅的重要客户办理贷款等相关手续时，以细致的介绍、礼貌的服务、专业的知识和到位的配合，赢得了客户的赞许和认可。客户当面表示，自己还有一定的闲散资金，如果有好的投资项目，也希望小张推荐。而小张清楚地知道，小区外围沿街商铺3个月后就会开始对外销售，但因为时间尚早，他想等正式开盘前再联系这位客户。到3个月后商铺开盘那天，小张突然想起了这个客户，于是赶忙去电话热情推荐，结果却遗憾地被告知，由于感到外部经济形势不是太好，客户决定暂缓投资计划了。

某保险公司的客户经理余先生刚为一位老客户成功办理了理赔，客户当面说了不少感谢的话。临走之时，余先生提议向客户介绍一份公司新推出的重大疾病保障计划，客户表示可以。于是余先生拿出全套宣传资料，并打开笔记本电脑中的幻灯片，把客户的客厅几乎当成了公司的培训宣传教室，滔滔不绝、眉飞色舞地讲了整整45分钟。当客户因为不耐烦而提出下次有需要再联系时，余先生却竭力鼓动和说服对方当场签约，并对客户提出的多个婉拒的理由进行反驳。到最后该客户下了逐客令，一次本来很愉快的拜访最终不欢而散。

豪华、灯红酒绿的中餐厅里，顾客熙熙攘攘，服务员小月正在笑容可掬地为1号桌的客人热情地服务。她甜美的声音、让人愉悦的微笑、主动的服务态度，以及让人极感尊重的沟通方式，让客人们连声说好。当点菜完毕后，宴请朋友的客人问："饮料有哪些啊？"小月似乎一下来了灵感，忙说道："哦，对了，本餐厅有一种从德国原装进口的魔力水，口味非常独特，你们来我们店里正好可以品尝一下！""魔力水？"客人有些意外，看来所谓魔力水并不在他初步的考虑范围之内。"先生，这可是全世界最著名的苏打水啊，今天您这几位朋友算有口福了。"客人一听这话，觉得不能在朋友面前丢了面子，便说了一句："那就来10瓶魔力水吧。"最后埋单时，客人不觉大吃一惊，原来1200多元的总账中，10瓶魔力水竟占了650元。客人于是勃然大怒，以小月硬推销自己不需要的东西为由要求拒付。

我们可以举出更多未能把满意服务转化为成功销售的故事和例子，而这三个代表性的范例，虽然结果都是以失败告终，但其失败的原因却不尽相同。

而深入探究这三个不同的失败原因，其背后正是未能把握好服务与销售顺利衔接的三大关键控制点。

别墅售楼处客户经理小张，其失败的根源在于错失了“趁热打铁”地“促成销售”的最佳时机，在客户满意转化为购买需求的过程中，未能把握好第一个关键控制点——时效性。

保险公司的客户经理余先生，其失败的根源在于过于明目张胆、毫不掩饰地进行推销，过多地运用了销售促成技巧，在客户满意转化为购买需求的过程中，余先生未能把握好第二个关键控制点——隐蔽性。

而餐厅服务员小月，其失败的根源在于没有准确把握和理解客人的需求，错误地推荐了不适合客人的产品，在客户满意转化为购买需求的过程中，小月未能把握好第三个关键控制点——适合性。

的确，当我们期望实现从满意服务向成功销售的顺利过渡，就必须特别关注三大关键控制点，即时效性、隐蔽性和适合性（见图4－1）。

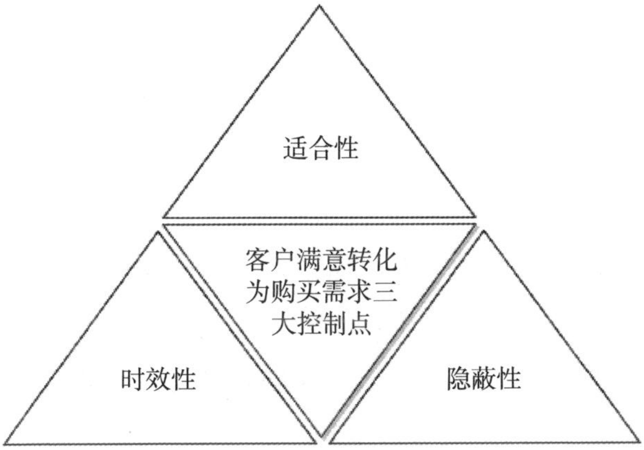

图4－1　三大控制点

一、把客户满意转化为新购买需求的关键控制点——时效性

把客户对服务的满意转化为新的购买需求，就需要服务者善于把握转化

的时机，过早就会导致客户抗拒和反感，过晚则会使客户本有的购买欲望淡化和丧失。

在“时效性”这一关键控制点中，有两个必须关注的时间标尺，一个被称为“临界点”，一个则被定义为“冷却点”，而在“临界点”与“冷却点”之间的阶段，则被称为“有效期”（见图4-2）。

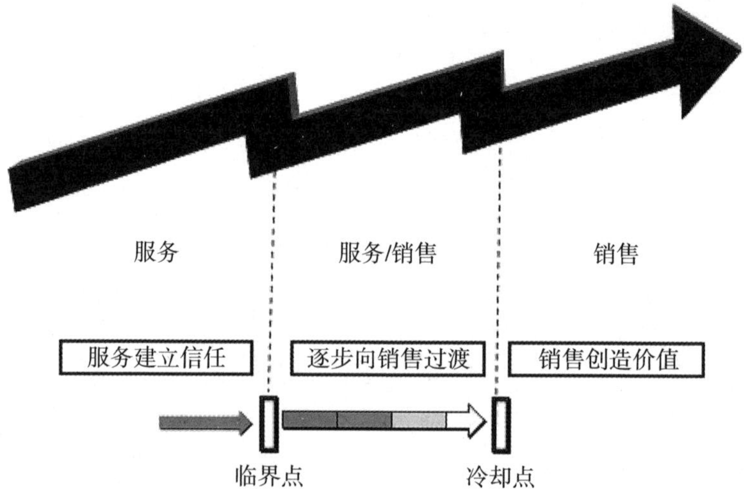

图4-2 两个时间标尺

1. 临界点

就如水在零摄氏度会变成冰一样，客户满意转化为新的购买需求，也有一个类似的“临界点”，也就是只有到达这个时机点，客户满意才有可能被转化为购买需求，而提早行动，则极有可能适得其反，结果可能背道而驰。

（1）银行的客户经理在还未处理完一位客户的投诉时，就期望顺带向客户推荐新的理财产品，遭到了客户的强烈反感和进一步抗议。

（2）彩电制造企业的维修工程师，连续三次上门为一位用户维修其新购买的LCD液晶电视都没有成功，最后他出于好意建议客户补贴一部分差价调换成更高端的LED产品，结果遭到该用户打电话到消协投诉。

类似上述银行客户经理与彩电公司维修工程师的境遇，都揭示出在“临界点”到来之前，如果急于让客户产生新的购买需求，必将招致客户的不满和结果的失败。

而更关键的问题是，如何有效与准确地判断“临界点”是否已经到来？一个简单而明了的衡量指标就是“是否通过良好的服务赢得了客户的足够信任”。客户通过享受满意的服务而转化为对服务者充分的信任，则意味着“临界点”的到来，而如果客户的“信任度”还不够，则服务人士需要继续提供更满意的服务累积“信任度”，一直到“临界点”的到来。

在服务与销售过程中存在 FUD 现象，即客户在正式做出采购产品或服务决定之前，会存在担心（Fear）、不确定（Uncertainty）和疑问（Doubt）的心理现象，不消除 FUD 现象，客户心中就无法产生充分的安全，客户对服务人员的推荐就无法产生充分的信任，新的购买需求就不可能产生。

2. 冷却点

我们都知道，古时铁匠在打铁时，需要在铁条烧得通红后迅速锻打，这就是所谓的打铁需趁热。一旦过了火候，就很难打造成所希望的形状和质地了。而把客户对服务的满意转化成新的购买冲动，也有同样的“趁热打铁效应”，一旦客户的兴趣或者冲动冷却，那再次激发其购买欲望就十分困难了。

之前所提到的别墅售楼处客户经理小张的遭遇，就是忽视“冷却点”的存在而一再拖延时机导致错失良机的典型案例。

谈到“冷却点”，不得不提到描述客户心理活动中一个重要的术语“大脑首页”。如果把客户的大脑比作一份报纸，那在提供良好的服务并获得客户满意的过程中，在“临界点”和“冷却点”之间的阶段，服务者及服务企业的美好印象就好比占据了客户大脑这张报纸的“头版头条”，这时候客户的大脑将受到这一头版头条信息充分的刺激、左右和影响。

而当过了“冷却点”之后，客户的大脑将把原本占据头版头条的信息逐步转移到“副版”，进而转移到“中缝”，并逐步转移到更小更不起眼的角落里。到那个时候，服务者和服务企业原本保存的美好印象对客户大脑的刺激和影响作用将大大降低，而其他的体验、经历和信息将占据客户大脑的头版头条。

客户心理活动中“大脑首页”这一原理告诉我们，当我们通过服务产生的良好印象和信任感占据客户大脑的“头版头条”时，则向客户进行引导和推荐的效果最佳。而当我们的服务所积累的满意度逐步淡化，过了冷却点，被客户的大脑逐步转移出“头版头条”后，那我们影响和说服客户的难度将越来越大。

二、把客户满意转化为新购买需求的关键控制点——隐蔽性

隐蔽性这一关键控制点，听起来简单易懂，真正运用起来却具有很高的要求和相当的难度。如何达到和实现“隐蔽性”，如果用一句话来表述，那就是“用服务的表达说出销售的目的”。

只有把销售的动机隐藏在服务的表达和话语中，才不至于引起客户的警惕和反感，才能让客户把之前对良好服务的好感和对服务者的信任，继续地延伸和保持下去。

在前面所举的范例中，保险公司的余先生或许是一个精彩非凡的演讲者，或许是一个熟练运用成交技巧的销售高手，但他在由服务向销售过渡时，却因为一时大意，严重违背了“隐蔽性”的原则，使自己达成销售的目的和动机赤裸裸地暴露在客户面前。而当客户开始产生逆反心理时，余先生更多的说服会招致客户更强的反感和抗拒。

那如何才能真正做到“用服务的表达说出销售的目的”，怎样才能真正实现“把销售的动机隐藏在服务的话语中”呢？一位名叫 Andy（安迪）的外资银行理财顾问的做法，或许能给我们不少启示：

> Andy 是一位彬彬有礼的年轻人，在一家外资银行担任理财顾问。让人意想不到的是，看起来并非伶牙俐齿的他，刚工作一年业绩就一下子

排到了前三名。出于好奇，他的顶头上司 Jack 悄悄地暗中观察他接待客户的过程，终于有了发现。原来每当服务将近结束的时候，Andy 总会露出招牌式的迷人微笑。对于初次接触或者还不是很熟悉的客户，他总会习惯性地问：您看还有其他我可以帮到您的吗？对于相对熟悉关系尚可的客户，他总会顺带地问：您看还需要了解一下其他的理财产品吗？而对于经常来的老客户，他又会关切地问：很多客户没有发现××理财产品的潜在价值，您需要拿份资料了解一下吗？

不管 Andy 的客户是否有新的购买需求，他们都很乐于接受 Andy 这样的询问方式，非但没有表现出反感和抗拒，不少人还觉得他服务周到。

从 Andy 的故事中，我们可以发现他在服务行将结束试图引导客户需求时，并未进行直接的介绍与推荐，而是采用询问方式来探询客户的需求。的确，一个最有效的用来提高由服务向销售过渡的隐蔽性的方法就是进行探询式提问。探询式提问不仅能探测出服务向销售转化的“临界点”是否已经到来，更能让自己下一步的销售动机丝毫不被客户洞察和知晓。

而探询式提问更可以根据对所要推荐的产品或者服务的指向性程度不同，分为开放型、指向型、描述型三大类别。

1. 开放型探询式提问

在服务过程中开始准备进行销售推荐时，服务人员可以这样向客户提问：

“我还可以为您做些什么？”

“您还需要些什么服务？”

“您是不是还需要点儿别的什么东西？”

“您打电话来是否还有别的什么原因？”

“您是否还有其他问题要问？”

“您还需要哪些帮助？”

开放式探测性提问引导客户进行思考和联想，从而激发他/她产生新的购买需求。

2. 指向型探询式提问

在服务过程中开始准备进行销售推荐时，服务人员也可以这样向客户提问：

> “您看在购买了我们的西服之后，裤子还需要顺带看一下吗？”
>
> “您看饮料需要点些什么？”
>
> “您觉得您公司的员工在使用这款软件之前需要进行培训吗？”
>
> “您的人寿保险计划已经很完善了，关于财产的安全与保险方面您考虑过吗？”
>
> “谢谢您购买了我们的餐厅家具，顺便问一下卧室家具你们已经买了吗？”
>
> “您的空调我们已经维修好了，但它已经接近使用寿命年限了，您接下来可能会考虑换台新的吗？”

指向型探询式提问为客户的联想和思考指引了明确的目标和方向，从而迅速激发客户的购买欲望。

3. 描述型探询式提问

在服务过程中开始准备进行销售推荐时，服务人员更可以这样向客户提问：

> “您看是否需要顺便了解一下我们的基金产品？”
>
> “您看还需要加份薯条吗？”
>
> “您的爱车洗好了，您看需要看一下本店新到货的壳牌防冻液吗？”
>
> “这款限量版的劳力士表您需要看一下吗？”
>
> “我想把我们公司新推出的B产品用一两句话给您介绍一下，您看可以吗？”
>
> “您看需要我顺便把该产品2012年升级版的说明书带来吗？”

描述型探询式提问则是让客户就明确的目标产品进行思考和联想，从而在客户的购买欲望与所希望推荐的产品/服务之间建立直接的关联。

开放型、指向型、描述型三类探询式提问并没有绝对的优劣之分，但却有不同的优势劣势，以及不同的适用情形（见表4－1）。

表4－1　　三种提问类别比较

探询式提问类别	特　　征	优点/缺点	适用情形
开放型探询式提问	引导客户进行开放式的思考和联想，激发其购买欲望	优点：引起客户的抗拒与反感的程度最低，隐蔽性相对最高。 缺点：客户的联想和思考不一定与所推荐产品一致	服务人士感觉客户认可度和信任度相对较低的时候
指向型探询式提问	为客户的联想和思考指引了明确的目标和方向，间接地让客户对所推荐产品/服务产生购买兴趣	优缺点：引起客户的抗拒与反感的程度适中，客户的联想和思考与所推荐产品的一致性适中	服务人士感觉客户认可度和信任度相对适中
描述型探询式提问	让客户就明确的目标产品/服务进行思考和联想，在客户购买欲望与所推荐产品之间建立关联	优点：引起客户的抗拒与反感的程度最高，隐蔽性相对最低。 缺点：客户的联想和思考与所推荐产品完全一致	服务人士感觉客户认可度和信任度比较高的时候

三、把客户满意转化为新购买需求的关键控制点——适合性

前面我们所提到的餐厅服务员小月，是一个活泼开朗、招人喜欢的女孩。而她之所以会惹得客户勃然大怒，关键的原因在于所推荐的德国魔力水与客户的基本需求存在明显的偏差。

“客户接受舒适区”这一概念可以很好地帮助我们理解所推荐产品/服

务与客户需求之间在心理上产生的偏差。从心理学角度来分析，任何客户在接受服务人员或者销售人员的产品推荐时，都会在心理上存在一个基本的决定接受与否的范围和区域，我们把这一范围和区域称为“客户接受舒适区”。

如果服务人员所推荐的产品/服务与客户需求的吻合性在“客户接受舒适区”之外，则客户在心理上就会产生不适、抗拒、怀疑、不满、抵触等导致信任度和好感大大降低的心理反应。反之，如果服务人员所推荐的产品/服务与客户需求偏差很小，落在“客户接受舒适区”之内，那客户会产生舒适、安全、可信、亲切等心理反应。

因此，服务人员在激发客户新的购买需求，推荐新的产品/服务时，虽然不能做到100%精准，但也要做到在服务过程中，通过观察、倾听、询问等手段，确保自己所希望推荐的产品/服务能落在“客户接受舒适区”之内。

根据前文所描述的服务中销售的整合方程式，对客户需求的分析与判断这一任务，绝对不是一直要等到服务流程切换到销售流程这一阶段才开始去做的，而是在之前的提供服务阶段就需要通过倾听、观察、询问等手段捕捉信息，来大致判断客户的需求范围。简言之，服务阶段的一个重要任务，就是要为接下来转入销售阶段来提前判断客户的需求，以确保下一步的销售推荐能处于“客户接受舒适区”之内。

而要判断所要推荐的服务或者产品是否在“客户接受舒适区”，作为一个优秀的服务人士，绝对不能等到客户亲口说出“NO”才明白自己所推荐的产品/服务不符合客户的需求。因为一旦客户把“NO”说出口了，那就表明他对你专业上的不认可与不信任。

一位优秀的服务人士，必须是察言观色的高手，必须擅长通过观察与分析客户的语言与非语言信息，来判断客户对所推荐产品或者服务的兴趣程度，从而确保能在客户产生不满与厌烦之前，巧妙灵活地终止销售推荐流程，转而返回到服务流程进一步累积客户的信任感。

当服务人士开始对客户进行探询式提问，特别是启动了指向型探询式提问或者描述型探询式提问之后，必须通过敏锐的“察言观色”来判断客户的兴趣程度和抗拒程度。

我们可以用红绿两种交通信号灯来形象地比喻服务人士所推荐的产品/服务在客户接受舒适区不同位置时客户内心感受的外在表现。

当服务人士所推荐的产品/服务在“客户接受舒适区”之外，客户肯定会通过外在行为的各种细节亮起“红色信号灯”。服务人士一旦敏锐地捕捉到“红色信号灯”的蛛丝马迹，就需要立刻“中止”销售和推荐，返回服务流程，维护客户关系。

当服务人士所推荐的产品/服务恰好在“客户接受舒适区”当中，客户也会通过语言、表情、肢体行为等亮起“绿色信号灯”。服务人士一旦通过察言观色发现“绿色信号灯”的有力证据，就意味着客户基本认可与接受所推荐的产品与服务，就可以进一步向客户呈现产品/服务的价值和效用。

服务人士可以从客户的眼色、脸色、表达与姿势四个方面来判断和分析客户亮起的是红灯还是绿灯。

（1）红色信号灯：服务人士所推荐的产品/服务在“客户接受舒适区”之外。红色信号灯意味着服务人士所推荐的产品/服务对客户而言不具备“适合性”（见表4－2）。

表4－2　　红色信号灯的外在表现

眼色	双眉紧锁，回避与服务人士的目光接触，目光飘忽，有的客户还故意东张西望，显示出“心不在焉”的态度
脸色	脸部肌肉紧张，脸色与之前相比显得阴沉，脸部表情显得尴尬和不自然
表达	语调相对低沉而不明快，缺乏情感，即使用词依然很客气，但可以感受到对方在克制着抗拒的情绪。有些客户会不自觉地清一清嗓音。说话不流畅不连贯，使用“嗯、啊、这个嘛”等语气词。不主动提问，回答问题也很消极
姿势	身体侧面相对或者向后倾斜，或者故意稍稍拉开距离；有的客户双臂环抱胸前，有的客户会增加不少小动作来掩饰其内心的活动，如搓搓手、耸耸肩、摸摸耳朵等

（2）绿色信号灯：服务人士所推荐的产品/服务在“客户接受舒适区”

之内。绿色信号灯意味着服务人士所推荐的产品/服务非常“适合”客户的需求（见表4－3）。

表4－3 绿色信号灯的外在表现

眼色	双眉舒展，目光柔和，并与服务人士直接接触，显得很专注
脸色	脸部表情轻松、自然，带着微笑，有兴奋感
表达	语调富有情感，倾听非常认真，在倾听中有积极的回应和附和，并会通过点头等方式表达出认同，询问非常积极主动
姿势	身体正面相对，并往前倾，距离上进一步靠近。双臂自然放松、不交叉，有时候会做一些表达兴奋和激动的手势

第二节 服务中引导客户新购买需求的三大策略

有这样一个流传甚广的故事，一个从乡下来的小伙子到城里去一家著名的百货公司应聘，在他上班的第一天，就做出一件令很多资深销售人士都觉得不可思议的事情。他居然成功地让一个本来想买一个小号鱼钩的顾客，最后满心欢喜地购买了一艘双引擎的加长钓鱼船。

过程似乎很简单，这个乡下小伙先是引导想买小号鱼钩的客户又买了中号鱼钩和大号鱼钩，接着客户在他那里又买了专门用于海钓的渔线，包括小号渔线、中号渔线和大号渔线。最后，希望到海边钓鱼的客户，听从了小伙子的建议，在他那里购买了一艘双引擎的超长钓鱼船。

这一故事，相信不少专业的服务人士与销售人士并不陌生，看过这个故事的人，一般都会对这个乡下小伙的说服能力啧啧称奇。

然而值得我们进一步探究的是，创造这样非凡的业绩，仅仅靠“说服力”三个字是无法对这一个案进行深入剖析的，我们需要用一个更具体、更清晰的视角去分析和还原乡下小伙子行为过程背后的原理和潜在的本质。

让我们先来补充一个更让人瞠目结舌的背景信息，这个最后购买了超长钓鱼船的客户，最初走进这家商场的真正原因，不是为了买什么东西，而只是路过的时候进去打听一下这几天的天气情况。

巧合的是，在乡下从小跟着爷爷学会“看云识天气”的小伙，第一天上班就遇到径直向他走来问询的这位客户。

性格淳朴、内心热情的他，并不像其他同事一样，一听这位客户不是来买东西的，就爱理不理，而是像自己在乡下一样，热情地接待，积极地回答，热心地问长问短，特别是他对天气情况的到位分析让客户深感意外，并且由衷地敬佩。

乡下小伙没有学过专业的服务与销售技巧，他对客户的热心服务完全是出于自己的习惯和天性，但他的行为却恰恰比那些经验丰富的同事更符合“服务中促成销售”的原则，那就是在服务过程中需要不断累积客户的好感和信任。因为只有客户的信任度达到“临界点”，服务流程才能比较顺利地切换到销售流程，客户的购买需求才能被有效地引导和激发。因此，我们在赞叹乡下小伙的神奇之处时，千万不能忘记一个重要的前提和基础，那就是他在接待与服务客户的过程中，累积了足够的客户信任。缺乏这一关键的前提和基础，那后面的销售奇迹就可能似“无源之水”，根本不可能发生。

那位客户为了感谢小伙的热心接待，而且想到正好周末又要出海钓鱼，于是决定向小伙买一个小号的鱼钩。乡下小伙虽然当百货公司的店员是第一次，但从小却是个在海边长大的钓鱼高手。他非常高兴地和客户聊起了钓鱼这个共同话题，并真心地提醒客户不同种类的鱼适合用不同规格的鱼钩，于是客户很自然地又购买了中号鱼钩和大号鱼钩。

帮客户包装好鱼钩后，小伙又和客户分享了自己钓鱼时特别注重鱼钩和渔线的搭配，以及海里钓鱼和河流钓鱼对渔线的不同要求，说得这个客户连连点头，钦佩得不得了。于是顺理成章，客户又满心欢喜地购买了小号、中号和大号三款专用于海钓的渔线。

买好东西付好款，客户依然不肯离开，兴致勃勃地和小伙交流钓鱼心得，大有相见恨晚的感觉。乡下小伙提到自己在老家特别喜欢动手改装家里的小渔船，虽然经济很拮据，但还是不断为渔船添加专门的钓鱼设备。他满脸遗憾地说，每当自己出海时看到那些有钱人开着自己的钓鱼船外出钓鱼，自己就羡慕得不得了，他觉得拥有一艘钓鱼船是一个真正的钓鱼爱好者最大的梦想。

那个客户好奇地问："那钓鱼船到底有什么特别啊?"

乡下小伙顿时两眼发光，滔滔不绝地描绘了在钓鱼船上进行海钓的非凡享受和美好体验。他头头是道地介绍了钓鱼船如何把一个钓鱼爱好者出海所需要的设备工具全部组合在一起，以及这些工具的设计和使用如何巧妙和方便。他沮丧地表示，即使自己的改装再花心思，和专业钓鱼船相比，也仍差得很远。

于是，这个既富裕又是个钓鱼迷的客户，在小伙子的带领下，去了百货公司买钓鱼船的专柜。临走时他对小伙说了句："周末你能陪我去钓鱼吗?"

在这段描述中，乡下小伙子的行为更值得服务人士和销售人士深思和借鉴。虽然小伙对客户购买需求的引导可能是无意的，但从效果上看却是积极而主动的，并且恰好运用了在服务中引导客户新购买需求的三大策略。

具体而言，乡下小伙成功地让购买小号鱼钩的客户又购买了配套使用的海钓渔线，这一做法可被称为服务中引导客户新购买需求的横向组合引导策略，简言之就是引导客户购买和原产品关联或配套使用的产品与服务，例如渔线与鱼钩正是很好的产品组合。

而乡下小伙另一个值得借鉴的做法是他让购买小号鱼钩的客户又购买了中号鱼钩和大号鱼钩，这可被称为服务中引导客户新购买需求的纵向升级引导策略，简要地说就是引导客户购买“产品线”中更贵更高端的产品，例如大号鱼钩从价格层面可以被看作小号鱼钩的高端产品。

乡下小伙最精彩的神来之笔是引导客户购买了一艘加长的双引擎钓鱼船，这一做法可被称为立体解决方案引导策略，概括而言就是针对客户某一方面的需求，从提供能满足部分需求的单一产品，转为提供能满足全部需求的整体解决方案，例如加长的钓鱼船就是满足客户出海钓鱼全部需求的整体解决方案。

这个有趣的故事，或许略显夸张，但却可以作为一个极佳的引子，可以引出服务中引导客户新购买需求的三大策略，分别是横向组合引导策略、纵向升级引导策略和立体解决方案引导策略（见图4－3）。

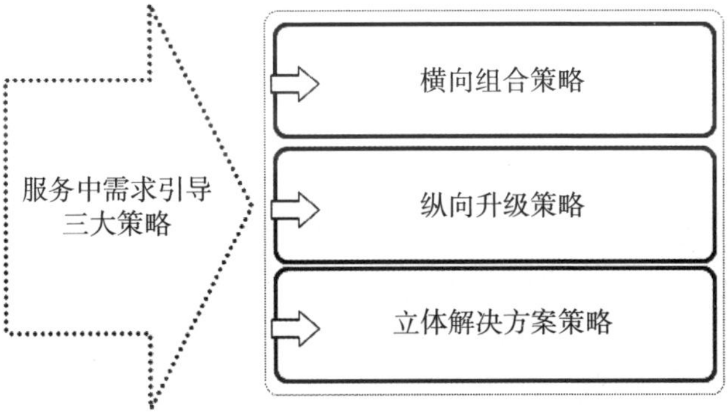

图4－3　三大引导策略

一、服务中引导客户新购买需求的横向组合引导策略

每当人们在麦当劳就餐时，有谁没听过“还要加份薯条吗?”这句经典话术！就这短短一句看似随意的询问，却能帮助麦当劳多售出超过十亿份的薯条。

“还要加份薯条吗?”这一句麦当劳服务人士必须熟练掌握的询问话语，为购买了汉堡等食品的顾客，提供了“薯条”这一“附加项”或者“配套产品”，这一技巧就是服务中引导客户新购买需求的横向组合引导策略。

大多数女士都会有这样的购物经历，本来去逛商场只是准备买一件外套，但是，售货员又向您推荐一款和你的外套非常匹配的手提包，最后你又禁不住诱惑买了这个手提包。实际上，售货员就是使用了横向组合引导策略。

在美国的沃尔玛超市里，尿布居然和啤酒放在了一起来卖，而且销量成倍增长。乍一听有些不可思议，尿布和啤酒八竿子打不到一起，居然有人会想到把这两个商品摆在一起销售。然而熟悉美国的人都知道，美国的丈夫们通常会被要求下班后购买孩子的尿布，然后顺便也把自己喜欢的啤酒买回家，这两样东西对这个群体而言简直是绝好的搭配。而这又是一个奇特的运用到服务中客户需求引导的横向组合引导策略的例子。

而以下的话语更充分地展示了横向组合引导策略在各行各业的服务过程中如何灵活地应用：

（1）“先生，您选这套西服非常有眼光，如果再配上这条深色条纹的领带，那看起来就会非常的大气，非常职业。”

（2）“感谢李总对我们这套软件的评价，其实这套软件如果配合我们公司特别配套开发的扩展程序，那功能要强大很多。”

（3）“感谢您对我们这次课程的积极评价。我个人建议，如果下次您同事来听，可以选择2天培训+1天TTT的组合，这样更符合您作为公司内部讲师的需求。”

1. 横向组合引导策略的内涵与价值

所谓服务过程中客户新购买需求的横向组合引导策略，是指通过对客户需求的把握向客户推荐在功能或效用上与客户已经选择或正在使用产品（或服务）相互关联的产品（或服务）。

如果服务对象是个体消费者，则横向组合引导的方向往往是以满足该消费者某一核心需求的关联产品或者服务。就如前面所述的向购买汉堡的顾客推荐薯条，是为了更好地满足顾客对更丰富饮食的需要；向购买西服的顾客建议搭配领带，则是更好地满足其对更自信更职业形象的需要。

又比如向购买冰箱的顾客介绍同品牌新款的微波炉，向正在加油的车主附带推荐燃油清洁剂，询问正在申请安装宽带的顾客是否需要同时安装IPTV，等等，都是围绕满足服务对象的某方面需求而提供关联的产品或者服务。

而当服务的对象是企业、政府等组织机构时，横向组合引导策略也可以是一种客户渗透发展策略，包括向不同的部门、公司内不同的人群推荐不同的关联产品。例如，当客户是一个集团公司的财务部，打电话来订购笔记本电脑时，也可以探询向对方整个集团公司其他部门销售服务器、台式机和笔记本电脑等产品的机会。

那么，在服务的过程中对客户新的购买需求进行横向组合引导时，究竟哪些类别的产品或者服务可以作为横向组合引导的目标和方向？

（1）互补产品：互补产品和当前的产品没有替换性和竞争性，但两者组合在一起，可以更好地满足客户同一方面需求，或者更好地帮助客户解决某一方面的问题，或者为客户创造更大的价值。例如，麦当劳的薯条与汉堡，西装与衬衫，电脑硬件与软件，美容与美发，酒店的客房和餐饮，等等。

（2）配套产品：配套产品是客户所购买或者使用的主产品的关联配件，配套产品起到辅助主产品使用效果或者完善主产品使用功能的作用。例如，汽油与节油精，皮鞋与鞋油，摄像机与充电器，课堂培训与课后辅导，等等。

（3）相关产品：相关产品指同属一个品牌或商家，在功能上不具备互补性或者附属性，但同属于一个大的产品类别，满足客户同一个大的需求范畴。例如，同一品牌的冰箱和吸尘器，同一乳业品牌的奶粉和冷饮，银行的储蓄服务和基金产品，等等。

有很多的例子可以说明：服务过程中有效的横向组合引导，不仅不会让客户觉得厌烦和增加麻烦，反而是一个可以更好地帮助客户的机会，以更完善的产品组合来满足客户的整体需求。

2. 横向组合引导的三大步骤（见表 4－4）

表 4－4　　横向组合引导的三大步骤

步　骤	举　例
通过探询式提问，把客户的兴趣引向互补产品、配套产品或者相关产品	“陈先生，97 号汽油 300 元对吗？您看需要顺带加一瓶冬天保护发动机的燃油清洁剂吗？”
用一两句话概述所推荐产品的特性和特色探测客户的反应	“这款清洁剂是去年销售最高的，既能节油 30%，又能大大降低发动机损耗……”
请示客户是否需要体验或购买	“陈先生，您看需要我把这瓶清洁剂打开吗？”

3. 横向组合引导的关键注意点

（1）横向组合引导所依赖的是客户对专业服务的认可与信赖，因此所附加推荐的产品必须和已有的产品（服务）相关联或组合，并能更好地满足客户的需求，更好地为客户提供价值，这样的推荐能赢得客户的认可与接受。否则，如果推荐丝毫无关的产品，会大大降低客户对你的信赖度。

（2）横向组合引导的关键点不在于推荐力度，而在于呈现与描绘产品组合的优势和效果。通过专业的角度呈现和总结这种组合的效果，就能在不影响客户信赖的基础上更让客户接受。推荐有余，价值与效果描述不足，也会让客户怀疑与厌烦。

二、服务中引导客户新购买需求的纵向升级引导策略

在麦当劳就餐时，还有一句话或许也让我们印象深刻：“只需加 5 元就可以升级为超级至尊汉堡，需要来一份吗？”这种提供“更高端”或者“更贵”产品/服务的技巧就充分体现了服务中引导客户购买需求的纵向升级引导策略。

不少买车的人都有这样的经历，那就是原本准备购买基本配置车型的计

划和想法，往往会被销售人员三言两语的引导，不由自主地产生了购买豪华配置车型的欲望和冲动，而这些欲望与冲动中有很大的比例最后转化成真正的购买行为。

从普通汉堡升级为超级至尊汉堡，由基本配置车型升级到豪华配置车型，类似这样在服务中引导客户购买更贵更高端产品或者服务的方法，我们称之为服务中引导客户新购买需求的纵向升级引导策略。

而以下的话语更充分地展示了纵向升级引导策略在各行各业的服务过程中如何灵活地应用。

（1）“先生，您选这套西服的确非常有眼光，如果您真要征询我的意见的话，我觉得这套最新款的全毛面料西装或许更合适，因为它外观上显得更有档次感，虽然稍微贵点，但穿起来感觉更有品位。”

（2）“感谢李总对我们这套软件的评价，其实我们更高版本的软件已经上市了，功能上要强大很多，更能符合您全面替换现有操作系统的要求，您看需不需要给您演示一下？”

（3）“感谢您对我们这次课程的积极评价。如果您需要更具针对性的培训效果，我觉得您下次来参加我们十人以下的小班课程或许更合适，虽然费用上要贵 50%，但可以完全按照学员的需求来定制课程。”

1. 纵向升级引导策略的定义与价值

纵向升级引导策略有两层含义，一是指在服务中向客户推荐比原有产品/服务更贵更高端的产品/服务，另一层含义也包括向客户推荐数量或者批量上更多的产品或者服务。

举例来讲，服务人员在倾听了一位来购买 iPhone 4 的顾客的需求描述后，根据自己对顾客真实需求的理解，专业地推荐其购买 iPhone 4S，结果既提升了销售额，又实现了客户的认可和满意，这就是向客户成功推荐了更高端的产品。

针对另一位和女朋友一起来购买 iPhone 的顾客，这位服务人员顺带介绍了情侣购买的特别促销计划，成功地让原本想购买一个 iPhone 的客户购买了两个，这就是向客户成功推荐了数量上更多的产品。

2. 纵向升级引导策略的两大角度

（1）“需不需要”引导策略。熟练运用“需不需要”策略的服务人士总是习惯于问客户类似“谢谢您对这辆车的认可，您看需不需要去看一下豪华款呢”这样的问题。

“您看中这块手表真有眼光，对了，这款手表推出了全球限量款，全世界总共才30块，我们店里刚到了一块，您需不需要看一下”“这套房子的确性价比很好，这个小区有套在楼王位置的房子也在出售，正对着小区的景观湖，您看需不需要了解一下”……在我们的周围运用“需不需要”策略的例子可以说无处不在。

在服务过程中，优秀的服务人士往往能通过“需不需要”策略，把客户的关注点和兴趣引导到更高端的产品或者更多数量的购买。

（2）“或许更适合”引导策略。服务人士结合对客户需求的理解，从专业的角度，以顾问的角色，告诉客户：“我个人觉得这样对你或许更适合，因为……”

“我个人觉得VIP计划或许更适合您，因为您这样成功的企业家，和普通人相比，对各种风险的更多保障对您的家庭和企业至关重要。”

“我个人觉得，签订三年的合作计划或许要比一年的合作更适合你们企业，因为按照目前的形势来看，煤炭价格每年上浮10%～15%基本是确定的趋势。”

服务人士运用“或许更适合”策略，通过专业的分析给予客户购买高端产品或者更多产品的充分理由。

当然，并不是说“或许更适合”策略一定比“需不需要”策略好，关键还在于客户的类型。如果客户是属于那种对自己的需求很明确的类型，他很清楚他要买什么东西，这时，如果盲目运用“或许更适合”策略，只能会招致对方的反感与抗拒。

如果产品的特性、复杂性和技术性能等，对客户而言可能都是陌生的、不熟悉的，这种客户需要专业顾问人员帮助他们做决策，这样的客户适合运用“或许更适合”策略。或者另一种情况是客户的性格特征比较优柔寡断，比较容易受人影响的，那也比较适合用“或许更适合”策略。

另外有一点一定要注意：进行纵向升级引导时，并不是一味地强调向客户推荐更贵的产品，服务人士所做的一切都应站在客户的角度，以适合客户的需要为基础。否则，即使推荐成功促成了购买，客户在之后也会有上当受骗的感觉。

3. 纵向升级引导策略的三大步骤

服务中引导客户新购买需求的纵向升级引导策略，可以根据是采用“需不需要”引导策略（见表4－5）还是采用“或许更适合”策略（见表4－6），借鉴和灵活应用如下不同的步骤。

表4－5　“需不需要”策略三大步骤

步　骤	举　例
以客观描述的方式，把话题从原有产品/服务转移到更高更贵的升级产品或者服务（服务人士不做倾向性推荐和建议）	李先生，您真有眼光，这个小区的顶楼复式房型的确非常气派。对了，我差点忘了，我们楼盘昨天刚推出一批联排别墅房型，总共才五套
用一两句话描述一下升级产品或者服务的特色（提供事实和信息，不做带有主观色彩的价值分析）	这批别墅的花园大是个特点，小的也有150多平方米，而且三楼都会赠送一个35平方米的大露台
用“需不需要”的方式，征询客户的态度和兴趣程度	李先生，您看需不需要我先带您去参观一下

表4－6　“或许更适合”策略三大步骤

步　骤	举　例
使用“或许更适合”策略，以专家的角色，建议的口吻，向客户推荐适合对方的升级产品或者服务	陈总，如果买这辆车平时是您自己周末郊游聚友之用的话，我个人觉得买我们的SUV车型比普通轿车或许更合适
用一两句话分析所推荐升级产品或者服务的价值（侧重于分析产品的特点能给客户带来的价值和效用）	SUV车型能适应各种路况，尤其是您周末到郊外或者山区去游玩，那这个车绝对比轿车“给力”多了
积极引导客户下一步行动	陈总，那我带您去看一下好吗

4. 纵向升级引导策略的关键注意点

（1）纵向升级引导需要两个重要的前提，即服务人士必须通过敏锐的嗅觉来判断：客户是否有更高的购买能力，客户是否有购买更高端产品的心理需求。在有些情况下，客户的确具备购买更高端产品的购买力，但他们没有购买更高端产品的心理需求和购买习惯。而在另一些情况下，客户的确有购买更高端产品的心理需求和兴趣，但他们不具备购买更高端产品的购买力。

（2）纵向升级引导有两个需要特别注意的要点：

一是给客户的建议必须体现出足够的专业知识和顾问能力，从专业的角度给客户提供依据，不是试图说服客户，而是尽量提供有力的证据让客户自己说服自己。

二是在推荐与建议的过程中，要让客户有被尊重、被认可、被重视的特殊感觉。纵向升级引导的方向是向客户推荐更高端的产品或者服务，而越是高端的产品与服务，客户对尊重、认可、面子、地位等心理感受的需求就越高。因此，在推荐过程中，特别需要去迎合客户的心理需要。

三、服务中引导客户新购买需求的立体解决方案引导策略

我们还是举在麦当劳就餐的例子，作为顾客，我们总会被引导到去选择麦当劳设计好的 A、B、C、D 等不同类别的套餐，还有儿童套餐、营养早餐，等等。又如，我们打电话叫肯德基外卖的时候，往往会选择外带全家桶。

麦当劳与肯德基所推荐的套餐产品组合，既省却了顾客费心劳神地去思考点餐内容的烦恼，又轻而易举地提升了销售额，扩大了顾客的购买数量。

而我们在服务客户的过程中，如果能针对客户的某一方面需求提供完整的方案和解决办法，就同样能实现提升业绩和客户满意的双赢目标。

让我们看看以下几个在服务中向客户提供整体解决方案建议的例子：

（1）“陈先生，根据我对您需求的了解，其实您的要求不仅仅是请个司

仪、预订婚车、安排酒席等，而是想把整个婚礼筹备的全部事项都外包给一家专业机构，对吗？那这样我给您出一个包含您所有需求的方案如何？”

（2）“李总，您的这些要求我都了解，正好我们有一个 VIP 客户特别服务方案，正好包含了您要求的这些内容，您看需要我给您过目一下吗？”（事实上事先还没有这个方案）

（3）“感谢金先生选择了我们这个设备。因为这个设备的使用涉及物流、软件、配套设备等，您看我需要给您出一个整体的方案吗？”

1. 立体解决方案引导策略的内涵与价值

所谓立体解决方案引导策略，就是从向客户推荐单一产品或服务，转变为引导客户接受围绕其内在动机而提供的全方位解决方案，把产品和服务打包成解决方案推荐给客户，以更好地满足客户内在的真正需求（见图 4－4）。

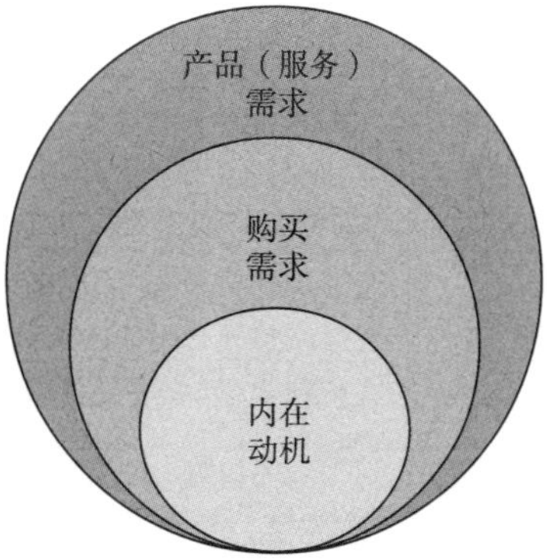

图 4－4　客户的内在需求

立体解决方案引导需要深刻认知客户的需求、问题、期望、愿景和目标，帮助客户找到正确地识别需求、解决问题、满足期望、实现愿景和达成目标的方法和措施。在立体解决方案引导中，客户的内在动机是第一位的，如何发现、识别、启动、加工和满足客户的内在动机并和客户达成一致成为引导成功与否的关键。

之所以立体解决方案引导特别有价值，是因为数量众多的客户会表现出“需求简单”这一症状。

常见案例是，客户需求有时会像我们的一次感冒经历一样，刚在医生对面落座，没等医生开口就自信地脱口说："我感冒了，给我开两盒康泰克。"

在这个事例中，直接说要购买两盒康泰克其实是客户的"产品（服务）"需求，而如果直接要医生开两盒感冒药则是购买需求，而实际上客户真正需要的是医生帮助他尽快治愈感冒，这才是他的内在动机。

而事实上，很多客户都会把混淆"产品（服务）"需求、购买需求和内在动机，用产品（服务）需求或者购买需求来替代内在动机，这就是为什么这么多客户表现出"需求简单"症状的内在原因。

立体解决方案引导，就是要从客户的需求着手，帮助客户一起分析和思考其真正的内在动机，让客户的需求状态从产品（服务）需求或者购买需求回归到内在动机。进而通过设计和提供更好地满足客户内在动机的整体解决方案，来实现提升客户满意和销售额的双重目标。

2. 立体解决方案引导流程表（见表 4－7）

表 4－7 立体解决方案引导流程表

流　　程	举　　例
从产品（服务）需求或购买需求探询内在动机	"陈先生，谢谢您认可我们的燃气灶，冒昧问一下，先生是在为新装修的房子购买厨房设备吗？您选择了这款价格不菲的燃气灶，足见您对厨房设备的品牌和视觉整体效果还是非常看中的，您看我说得对吗？"
由内在动机策划整体解决方案	"陈先生，您可以一个个厨房设备单独挑选，如果您信任我，我可以根据服务其他客户的多年经验，帮您设计一个符合您对整体视觉效果特别需求的厨房设备产品组合，您看可以吗？"
向客户介绍整体解决方案的优势	"陈先生，我所推荐的厨房设备整体组合，一是同一品牌给人的协调感和统一感，二是我选择的产品规格大小和颜色搭配和谐一致，三是价格上比单独买可以享受更大的优惠，四是在售后服务上也比较便利。"

3. 立体解决方案引导的关键注意点

（1）立体解决方案引导的基础是客户的产品/服务需求和购买需求不能充

分反映其内在动机，而其内在动机需要更多更全面的产品/服务来满足。因此，有效洞察客户的产品/服务需求和购买需求与其内在动机之间的差别，就能为解决方案的策划和设计提供思路。否则，盲目地推荐与客户的内在动机不吻合的解决方案，只会招致客户的不满。

（2）在很多情况下，立体解决方案引导不仅是各类产品的搭配，更是有形产品与增值服务的搭配组合。只有在产品组合上增加服务，才会使立体解决方案引导更具吸引力和价值感。例如，从向客户提供司仪升级到提供婚礼的一条龙服务当中就包含着婚礼策划等无形服务；而整体解决方案中增值服务的部分，往往是客户所缺乏并且需要的，也是服务人士在向客户呈现和推荐时需要强调的。

第五章

服务中提升客户关系的方法

第一节　服务中的信任度与亲和度

陈奶奶今年双喜临门，一是唯一的宝贝儿子结婚了，二是儿媳妇很争气，让她实现了抱孙子的梦想。这不，陈奶奶今天又去逛菜市场，想给儿媳妇买点水果。听左邻右舍说怀孕吃酸的好，于是她打算买点酸味的水果给儿媳妇吃。

菜市场入口占据第一个位置的小王正在看书，看到陈奶奶来了，就点了下头，说了句："老奶奶，看中什么自己挑吧"，就继续低头看起自己的书了。陈奶奶本想问问有什么酸的水果，看小王正低头专心看书，就摇了摇头，继续往菜市场里面走去。

第二个水果小贩老张见有人过来看水果，连忙问："老奶奶，您想买什么水果呀?"陈奶奶说："我想买点枣子。"老张说："枣子好啊，老奶奶您还亲自来买东西啊，看您这身子骨多好。看您这个幸福模样，肯定子孙满堂，羡慕您啊。"陈奶奶说："现在生活都好了，都差不多的，你这里有好的枣子吗，我想买一点。"

老张赶忙说："枣子呀，肯定有啊，我这里的枣子别的不敢说，包熟包甜!"陈奶奶看了一下枣子，然后摇摇头走开了，什么也没有买。

陈奶奶又来到小金的摊位前，小金问："您想买什么水果呢?"陈奶奶说："我想买一两斤枣子回去。"小金又说："哦，老奶奶是想买枣子呀，我这里可以算是枣子专卖店了，大的、小的、甜的、酸的都有，不同顾客会有不同选择，您看您要买哪种的枣子?”陈老太太说：“有酸的吗?”小金说：“当然有啊，如果我猜得没有错的话，您是买给孕妇的吧，因为一般人来买枣子，都会挑选甜的。你看这边的枣子全是酸的，要不您先尝一个?”说完拿了一个枣子递给了陈奶奶，陈奶奶一尝，的确比较酸。

“老奶奶，枣子虽然对孕妇好，但每次也不能吃过多，最好每次不要超过三个”。陈奶奶说：“看不出你还懂得很多啊，那称两斤吧。”

买完两斤枣，陈奶奶继续往菜市场深处走去。路过张阿姨的摊位，她热情地打招呼：“哟，陈奶奶，菜买好了呀，今天想买点什么水果吗?”陈奶奶说：“已经买好啦，两斤酸枣。”张阿姨说：“没关系的，下次有机会来我这里的话，一定给您最大的优惠。对了，陈奶奶，为什么想到买酸枣啊?”陈奶奶说：“给我怀孕的儿媳吃的!”“哦，那真的恭喜你啊，有你的照顾，媳妇肯定给你生个大胖孙子啊!”陈奶奶听得眉开眼笑，说：“生男生女都一样的。”张阿姨接着说：“陈奶奶，那你得多给儿媳妇补充点营养啊。”“是啊是啊。”“这次您买了枣，下次你来的时候，可以买点富含维生素的水果，因为怀孕的人呀最需要补充维生素。吃了维生素生出来的小孩特别聪明，长大了有出息。陈奶奶您知道什么水果维生素比较多吗?”陈奶奶说：“不知道呢，吃什么最有效呀?”张阿姨接着说：“猕猴桃或者新鲜的橙子，维生素含量最多了。而且对于孕妇，最好用榨汁机做成饮料，这样食用更方便。你儿媳妇多吃维生素，保证小孩聪明伶俐。”陈奶奶听了，说：“那今天就称两斤吧，反正可以放冰箱。”这样，陈奶奶又称了两斤猕猴桃和一斤鲜橙，然后开开心心地回去了。

从以上的故事中，陈奶奶总共在菜市场遇到了四个不同类型的水果小贩。第一个小贩小王对陈奶奶既不热情接待，又不对自己的水果做针对性的介绍，难怪陈奶奶显得很不愉快漠然离开。

第二个小贩老张对陈奶奶嘘寒问暖、奉承赞美，似乎赢得了陈奶奶的好感。但可惜的是他没有理解陈奶奶的真正需求，自以为是地大力推荐了甜枣，结果失去了陈奶奶的信任，让陈奶奶摇头离开。

第三个小贩小金虽然没有对陈奶奶显示出特别热情的招呼，但他却准确地询问并理解了陈奶奶的需求，并进行了针对性的推荐，赢得了陈奶奶的信任，成功地让陈奶奶买了两斤枣子。

而第四个小贩张阿姨在陈奶奶已经购买了枣子的情况下，依然热情地与陈奶奶进行情感上的沟通，让陈奶奶备感亲切。随后张阿姨又富有经验地询问出了陈奶奶的购买动机，并针对性地进行了专业的分析与推荐。她头头是道的介绍让陈奶奶频频点头，最后又让陈奶奶买了两斤猕猴桃和一斤鲜橙。

由服务向销售过渡的过程，必定也是服务人士与客户之间相互关系不断提升的过程。那么究竟哪些因素决定了客户关系的水平？到底上述四个小贩分别代表着服务人士与客户之间怎样的关系类型呢？

图 5－1 的图形展示了决定客户关系水平的两个不同纬度，即亲和度和信任度。这两个纬度不同的表现，组合成服务人士与客户之间相互关系的四种类型。

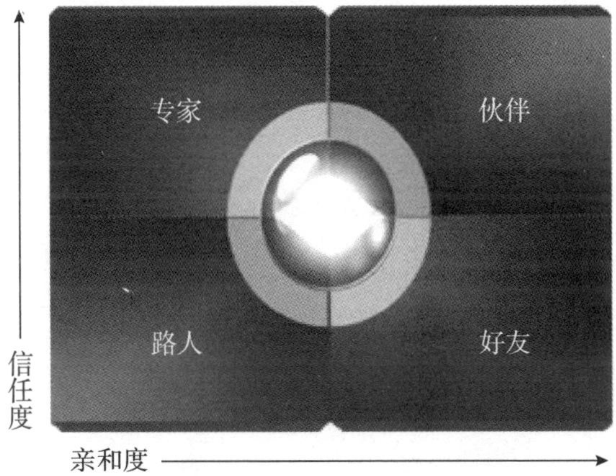

图 5－1　服务人士与客户之间的四种关系类型

（1）路人型：信任度低且亲和度也低，第一个小贩小王就属于路人型。

（2）好友型：信任度低但亲和度高，第二个小贩老张就属于好友型。

（3）专家型：信任度高但亲和度低，第三个小贩小金就属于专家型。

（4）伙伴型：信任度高且亲和度高，第四个小贩张阿姨就属于伙伴型。

对于服务人士而言，特别是对于期望实现销售目标的服务人士而言，尤其需要在服务过程中既提升信任度，也要提升亲和度，与客户建立伙伴型的相互关系。

第二节 在服务中提升信任度的三大技能

在客户服务的过程中，尤其是在由服务向销售转化的关键阶段，服务人士在客户心目中的信任度塑造特别重要。客户对服务人士为人处世的信赖程度，对服务人士专业背景的认可程度，直接影响着他们对服务人士所推荐产品与服务的接受程度以及对服务人士所建议方案的认同程度。

有三个关键技能可以大大提升服务人士在客户心中的信任度，这三大技能分别是专业观点、探寻需求和价值呈现（见图 5－2）。

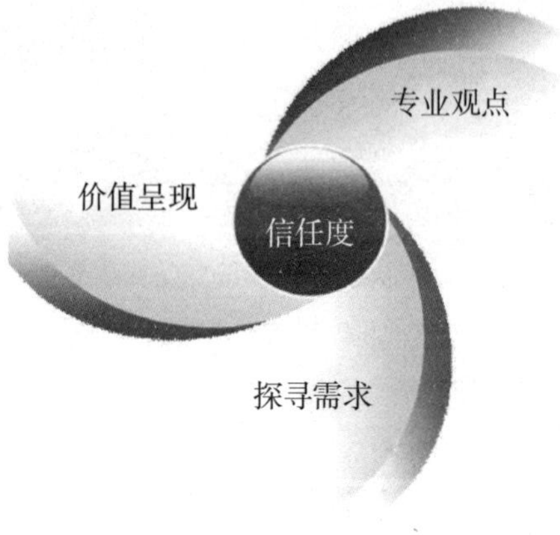

图 5－2 三大技能

一、信任度提升技能之一：专业观点

导购员："李先生您好，有什么可以帮您的吗？"（套近乎）

顾客："嗯，想再比较一下。"

导购员："李先生，您说得对，买东西就是要多比较。但买地板这种东西您一定要多关注环保指标，毕竟以后我们每天都要跟它接触，您说是吗？"（引向关键点）

顾客："是的，看了几个牌子。虽然有几家比你们价格便宜，但我最担心的是质量呀。反正每个人都说自己的东西好，真不知道该相信谁了……"

导购员："李先生，您有这样的想法很正常，毕竟健康第一。（肯定认同顾客）李先生，作为客户需要了解如何鉴别地板的环保性，您说对吗？"

顾客："是啊，我就不是很清楚。"

导购员："李先生，地板的环保性如何，您要从材质和工艺两个方面来看。首先您要看板材环保等级及胶黏剂、油漆等辅助材料的品质。高环保的地板一般都用 E0 环保基材，并且大多采用进口胶黏剂和油漆。（说明标准）我们的地板采用的就是这种材质。所以它相对贵一点。李先生，您清楚 E0 环保基材是什么概念吗？"（引发好奇）

顾客："什么意思呢？"

导购员："李先生，您平时喝啤酒吗？"（进一步促进好奇）

顾客："喝呀，怎么了？"

导购员："啤酒的甲醛含量为 E3 级，我们的板材为 E0 级，比您喝的啤酒中的甲醛含量还要少得多。您认为这样的板材怎样呢？"（引导比较）

顾客："是吧？我还真的没主意呢。"

导购员："李先生，除了板材，您还要看地板贴面和封边的工艺。如果这些环节做不好，也将导致地板在使用中出现家居环境污染。我们的地板在贴面时采用最高标准的热压时间、温度及压力，而且我们的封边材料和设备都从意大利引进，这些都可以保证我们的产品在环保方面真正令顾客完全放心。您看这里有国家质检总局为我们公司出具的甲醛含量证书。”（适时引用权威证书）

不难发现，导购员在与顾客的沟通中，不仅注重情感上的互动，更侧重于以自己的专业观点一步步地赢得客户的兴趣与信任。

在服务的整个过程中，客户会对服务人士的专业背景和专业知识有一个基本的期望，他们会理所当然地认为服务人士应该是本行业的专家，应该非常熟悉和了解自己的产品和服务。当服务人士的专业知识与专业观点的展示超越了他们的期望，客户的信任感就会被大幅度激发。反之，当客户觉得服务人士缺乏应有的专业背景时，他们就会产生很大的不信任感。

然而，有时候过犹不及，如果服务人士过度卖弄自己的专业知识和专业术语，也会导致客户的反感和抗拒心理。换言之，服务人士在展示自己的专业背景、专业观点和证据与证明时，需要注意以下三个策略：

1. 运用三段式表达法，以增加说服力

在展示自己的专业观点的时候，特别要注意的是切记不要给客户留下故意卖弄的印象。很多客户对服务人士的专业观点如果在情感上不认同，在心理上不接受，那即使观点再专业、论据再客观、内容再翔实，客户也会反感、反驳和反对。用一句通俗的话表达，那就是服务人士的观点正确与否，本质上讲是客户主观感受的结果。

为了提升客户对专业观点心理上的接受度和认同度，服务人士可采用三段式的专业观点表达法，即先“重复客户原话”，再“陈述专业观点”，最后“反问”，例如以下两段服务人士的回应，都是采用了三段式表达法：

导购员：“李先生，您说得对，买东西就是要多多比较。但买地板这种东西您一定要多关注环保指标，毕竟以后我们每天都要跟它接触，您说是吧？”

导购员：“李先生，您有这样的想法很正常，毕竟健康第一。（肯定认同顾客）李先生，作为客户需要了解如何鉴别地板的环保性，您说对吧？”

2. 深入浅出地使用专业术语

不少服务人士为显示自己的专业性，喜欢在和客户沟通中运用大量的专业术语，弄得客户不知所云，如坠云雾之间。

适当的专业术语运用的确能提升服务人士在客户心目中的专家形象，但正如真正的大师级科学家在讲课时总能把很多深奥的问题讲得通俗易懂，优秀的服务人士总能把专业术语的讲解提升到深入浅出的境界。

曾有记者要求爱因斯坦用“最简单的话”解释“相对论”。爱因斯坦说：“你同你最爱的人坐在火炉边，一个钟头过去了，你觉得好像只过了五分钟；反过来，你一个人孤孤单单地坐在热气逼人的火炉边，只过了五分钟，但你却像坐了一个小时。这就是相对论！”

将专业术语以最生动的方式呈现给客户的最佳方式便是类比法，即把服务过程中客户不一定能理解的来自政策规定、服务特色、产品性能等方面的专业术语，通过用简明常见的人事物进行形象的类比，达到既让客户从形式上认同，更让客户从内容上认同的目的。仅仅呈现甚至卖弄一些专业术语，或许只能获得形式上的认同，但如果客户不能真正理解服务人士所提及专业术语背后的含义，他们就不能产生真正发自内心的认同。

在案例中，导购员成功地用类比法全面地解释了所提及的专业术语。

导购员：“李先生，您平时喝啤酒吗？”

顾客：“喝呀，怎么了？”

导购员：“啤酒的甲醛含量为E3级，我们的板材为E0级，比您喝的啤酒中的甲醛含量还要少得多。您认为这样的板材怎样呢？”

3. 尽量提供证据与证明

服务人士在与客户分享自己的专业观点时，既要有论点，更要有论据，而且论据不仅要讲道理，更要摆事实。

在客户对服务人士信任度逐步累积的过程中，“百闻不如一见”的心理需求非常明显。客户或许能被服务人士生动的表达和高超的技巧说服，但更能打动和影响客户的，是那些“看得到”的有形证据和“摸得到”的可视材料。

聪明的服务人士往往善于在最适当的时机提供客户最需要的证明材料，这些证据和材料往往被客户视作“客观”“公正”“独立”的体现。

在案例中，导购员在将产品的工艺特色介绍到一定程度后，趁热打铁地提供了有形的证明及证据。

导购员：“您看这里有国家质检总局为我们公司出具的甲醛含量证书。”（适时引用权威证书）

二、信任度提升技能二：探询需求的 FOCA 模式

小王是一家通信产品代理公司的客户经理，公司最近针对中小企业客户推出了多功能电话机。小王正在热情地接待一位来访的老客户——陈主任。

小王：“陈主任，最近业务一定很忙吧？”

陈主任：“是啊，现在到了我们生意的旺季。”

小王：“对了，陈主任，您本人使用电话频率怎么样？”

陈主任：“相当频繁，我们的客户遍布全国各地，所以电话已经成为我们工作中必不可少的联络工具。”

小王：“有些公司是秘书帮助拨电话的，您那边是怎样的情况？”

陈主任：“你开玩笑了，我们公司一共才十几个人，配有一名秘书。真是够伤脑筋的，她的事已经够多的了，哪儿还有时间帮我们拨电话。”

小王：“您所谓的‘伤脑筋’，指的是什么？”

陈主任：“你知道吗，有时候要打通一个电话可真难！”

小王："难？您的意思是找电话号码难、拨通电话难，还是等候太浪费时间？"

陈主任："据我估计，我每天至少浪费半个多小时在找电话号码、拨电话以及等待对方接听，这些工作应该是由秘书代做，而不是我来做！"

小王："对，浪费的这半个多小时对您的工作一定有所影响吧？"

陈主任："我的工作实在够忙的，经常到晚上还要加班，这都是浪费的时间所带来的结果。"

小王："您说得对，额外浪费的时间是不是也常常影响您的工作绩效？"

陈主任："没错！提到这个我就头痛。"

在这段对话中，小王对客户的迎合与引导，并非体现在"如何说"，而是展示在"如何问"上面。的确，服务人士打造信任度的另一个技能便是通过询问来挖掘与引导客户的需求，特别是客户隐藏起来的潜在需求。

越来越多的专家认为，衡量一个服务人士销售能力高低的最重要的标准，不是看他（她）会不会说，而是看他（她）会不会问。

很多在"说"的方面可能得高分的服务人士，却在"问"的方面达不到合格的水准；这些服务人士，在询问时往往会犯以下两个常见错误：

（1）在询问时没有过渡和铺垫，直奔主题、不懂含蓄，给客户造成很大的压力，导致客户的反感和反抗，结果呢，客户的回答要么故意答非所问，要么直接拒绝。

（2）在询问时过度注重客户的感受，东扯西问、旁敲侧击，但总是问不到关键点，总是找不到客户的需求点，结果是问了大量问题还是如坠云雾，不知客户真正的需求。

不难发现，案例中的小王是个询问的高手，通过他的步步引导、层层带动，客户逐步把自己遇到的问题和潜在的需求清晰地呈现了出来，而小王的客户需求探寻，正是采用了 FOCA 询问模式（见图5－3）。

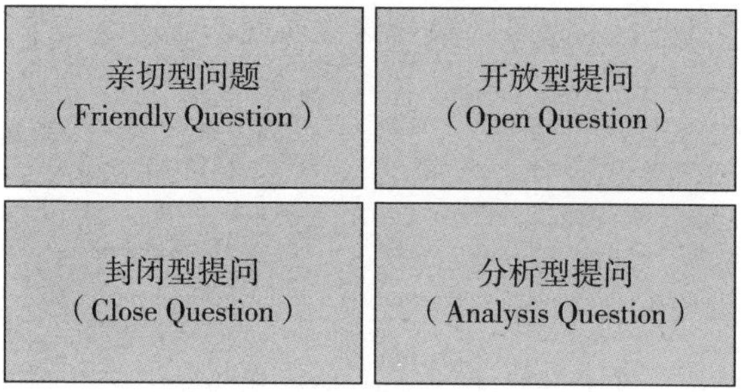

图 5－3　FOCA 询问模式

所谓 FOCA，是四种询问方式的组合，分别是：

（1）亲切型问题（Friendly Question）；

（2）开放型提问（Open Question）；

（3）封闭型提问（Close Question）；

（4）分析型提问（Analysis Question）。

从案例中我们可以清晰地分析小王运用 FOCA 询问模式的整个过程：

小王："陈主任，最近业务一定很忙吧？"（亲切型问题）

小王："对了，陈主任，您本人使用电话频率怎么样？"（开放式问题）

小王："有些公司是秘书帮助拨电话的，您那边是怎样的情况？"（开放式问题）

小王："您所谓的'伤脑筋'，指的是什么？"（开放式问题）

小王："难？您的意思是找电话号码难、拨通电话难，还是等候太浪费时间？"（封闭式问题）

小王："对，浪费的这半个多小时对您的工作一定有所影响吧？"（分析性问题）

小王："您说得对，额外浪费的时间是不是也常常影响您的工作绩效？"（分析性问题）

四类问题既各具功能，又互相配合，体现出递进式的逻辑关系，每个问题都为下一个问题埋下伏笔（见表 5－1）。

表 5－1　　四类问题的特点

四类问题	功能与特征	范　　例
亲切型问题	·通过询问一些看似与所推荐产品与服务无关的问题，体现出服务人士对客户的关心与关切	·王经理，最近经济危机对公司业务有影响吗？ ·李总，第二季度业务算进入旺季了吗？ ·陈科长，听说您公司最终正在筹备一个大项目，您应该很忙吧
开放型提问	·亲切型问题最重要的功能是破冰与铺垫，通过拉近双方的关系为后面的问题埋下伏笔。 ·开放式问题通过对客户现状与问题的询问，从大到小地逐步缩小判断的范围，大致对客户的需求有一个初步的认识。 ·开放式问题最重要的功能是锁定。 ·李总，第二季度业务算进入旺季了吗？ ·陈科长，听说您公司最终正在筹备一个大项目，您应该很忙吧	·王经理，目前工厂运营成本中用电成本大概占多少？ ·李总，信息服务这块公司有考虑过全部外包吗？ ·陈科长，冒昧问一下这个项目中供应商筛选主要是您负责的吗
封闭型提问	·封闭式问题则根据开放式问题所划定的边界，对一些细节进行确认，以确保对客户需求的理解没有脱离既定的轨道。 ·封闭式问题最重要的功能是确认细节，把客户需求中的一些细节确认清楚	·王经理，您公司选择变压器是更看中节电指标还是稳定性指标？ ·李总，数据快速分析，整体化显示以及各部门信息联动，您相对更关心哪个？ ·陈科长，目前公司筛选供应商更看中的是资质、品牌、价格还是其他指标
分析型提问	·分析型问题则是通过帮助客户进行思考与分析，让客户认识到问题的重要性和紧迫性。 ·分析型问题最重要的功能是放大效果，让客户产生反思、刺激和冲动	·王经理，除了支付额外的电费，电压偏高或不稳对你们的电机还有什么影响吗？ ·李总，冒昧请教一下为什么部门信息互动对您公司这么重要啊？ ·陈科长，用外地供应商产生的问题有那么严重吗

（1）小王先通过亲切型问题来进行情感交流和铺垫，亲切型问题一般都体现出服务人士的关心、关切，一般而言这类问题客户非常容易回答。小王通过亲切型问题，让客户放松情绪，减缓压力，为下面一系列的问题做好铺垫。

（2）小王随后又通过开放式问题确认客户需求的大致方向，这类问题逐步缩小搜索客户需求的范围，为服务人士提供理解客户需求的基本信息，也为服务人士提出更专业的封闭式问题提供了支持。在询问开放式问题时，特别要注意委婉、礼貌和情感的互动，否则容易引发客户的反感。

（3）接下来小王又通过封闭式问题进一步确认客户遇到的问题和其需求点，并且封闭式问题往往能体现出服务人士对客户问题的理解，显示出自身的专业程度。

（4）最后小王又通过两个分析性问题，启发客户的深刻思考，其目的是把客户潜在的需求明确化，把客户不急迫的需求紧急化，把客户轻视的需求扩大化。

可以想见，在提出两个分析性问题并引起客户的共鸣后，小王一定会适时结合多功能电话机的特点与价值进行分析。

三、信任度提升技能三：价值呈现的 FABT 模式

服务人士不论在迎合客户阶段还是引导客户阶段，都需要擅长展示自身服务与产品的特色与价值。不论是服务环节客户的抱怨与不满，还是销售环节客户的反感与失望，不少来自于服务人士不善于抓住产品与服务的独特卖点，简明扼要地表达，一语中的地打动客户。

某 IT 商店的服务人士正在向客户做介绍：IBM 硬盘的容量为 300G，非常大，能够储存更多的资料；当你上网的时候，只要安装上这个硬盘，就可以随意下载大量资料并储存起来，而不用担心硬盘被塞满，这对你收集资料是非常有用的。

这段看似简单而普通的产品推荐，其实蕴藏着逐步呈现产品价值的四个

要素，这四个要素在进行服务与产品的价值呈现时，被称为FABT价值呈现模式（见表5-2）。

（1）F即Feature，指产品与服务的特点与特色。

（2）A即Advantage，指产品与服务的优势。

（3）B即Benefit，指产品与服务给客户带来的效果与价值。

（4）T即Trouble，指使用了产品或者服务后能摆脱的烦恼与困境。

表5-2　　FABT模式

产品	F（特点）	A（优势）	B（价值）	T（摆脱烦恼）
真皮沙发	真皮	柔软	感觉舒服	不会再腰酸背疼
配有12缸发动机的汽车	12缸的发动机	0到100公里加速时间为12秒	省时	不要再耗用太多时间驾车
现代水晶灯	水晶构件	华丽、美观	高贵、气派、有品位	不会被别人觉得家里寒酸老土

1. FABT价值呈现常见的表达公式

服务人士在运用FABT价值呈现模式时，可采用"因为……特性，它可以……对你而言……不至于……麻烦困境"这样的表达公式（见表5-3）。

表5-3　　FABT的表达公式

一般性介绍	FABT价值呈现
该茶杯采用高强度塑料	因为该茶杯采用高强度塑料，具有耐高温的特点，所以能够装很烫的开水，而不会炸裂。比方说在冬天，普通玻璃杯盛放开水时非常容易炸裂，危及身体安全，只要您使用该茶杯就可以避免这样的事故，特别对保护您孩子的身体安全是非常有用的
这种衬衣是由纯麻纱织成的	因为这件衬衣是由纯麻纱制成，具有很强的透气和吸汗功能，使您在炎热的天气下穿起来感到格外的清爽，绝不会觉得像穿化纤衣服那样黏糊糊很闷热

续 表

一般性介绍	FABT价值呈现
这是一个不用电池的太阳能计算器	这是一个不必用电池也能运算的太阳能计算器，只要有微弱的灯光就可以计算。您不必担心电池是否有电，并可节省购买电池的费用和麻烦
这双运动鞋是配合慢跑的力学结构造型而且以弹性极佳的泡棉垫底	因为这双运动鞋的造型是配合慢跑力学结构造型，当然您穿着它慢跑时舒适、贴地且毫无束缚感。而泡棉垫底的弹性使您轻步如云，跑起来轻松且不易受伤
这辆跑车装有最新五段变速器，能够依不同路况调节而节省体力	因为这辆跑车装有五段变速器，您就能够依不同的路况变速，使您更有效地运用体力，好让您像玩赛车游戏那样轻松地跑完长程距离，而不会觉得像出租车司机那样身心疲倦

2. 运用FABT价值呈现模式的三大注意点

在运用FABT价值呈现模式时，有三个方面需要引起服务人士的高度重视：

（1）在使用FABT的技巧前，你是否已经通过有效的询问，而了解到客户的真正需求。FABT的运用，必须和需求探寻的结果相结合。特别是B（给客户带来的价值）和T（使用了产品或者服务后能摆脱的烦恼与困境）的设计与呈现，需要以探询出的客户需求为源头和靶向。

（2）服务人士不要过分夸大产品或者服务的特点和功能，而应多介绍产品（服务）的附加价值、隐含价值、情感价值、无形价值以及差异化价值。一个优秀的服务人士从不会过度地虚构或者夸张地描述有形的产品（F）特性及功能（B），但却会深入地挖掘与调动产品（服务）对客户的潜在价值。

（3）有不少服务人士与销售人员，在掌握了FABT后，还是无法很好地打动和影响客户，主要原因在于FABT能很好地向客户晓之以理，但却无法做到动之以情。在产品（服务）价值呈现时，如果既能晓之以理，又能动之以情，那可以辅之以讲故事法。正如美国销售管理泰斗杰克．威尔纳所言："服务和销售都是讲故事"，讲故事法有四大步骤：

S：Scene场景——描述亮点发挥作用的一幕，可以假想。

S：Story 故事——讲述一个客户获利的亮点故事。

I：Impact 冲击力——能够打动客户的精彩部分。

N：Nod 同意——征求客户对亮点的认可。

第三节　在服务中提升亲和度的三大技能

在为客户服务的过程中，特别是在服务的初期以及销售推荐的过程中，亲和度的提升能大大融洽双方关系、减少摩擦与矛盾，增进客户对服务人士的好感与亲切感。因为客户情感方面的需求往往对其分析判断决策起很大的主导作用，因此如果客户觉得服务人士像亲人或者朋友般的贴心与关心，他们在思维与行为上会呈现很强的倾向性。

有三个关键技能可以大大提升服务人士在客户心中的亲和度，这三大技能分别是关系润滑、感同身受和找共同点（见图5－4）。

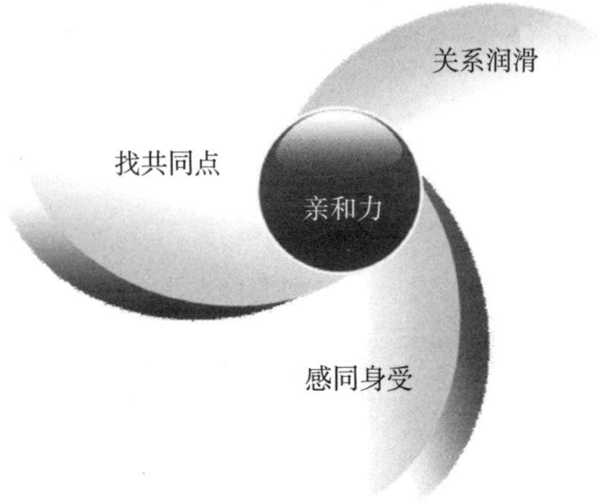

图5－4　提升亲和度的三大技能

一、提升亲和度的技能之一：客户关系的四大润滑剂

服务中积极交流不仅仅是解决客户问题的过程，更是一个氛围营造的过程。我们经常发现，服务人士一旦营造了轻松、开放的沟通氛围，很多问题就能迎刃而解。反之，一旦气氛严肃、紧张，很多小问题也会僵持不下。因而，能有意识地营造一个良好的交流氛围，会使这种交流变成一种令人愉快的事和人人参与的活动。若能在积极交流中增加一些“润滑剂”，那么信息交流就会更加通畅，一般在积极交流中可增加四大“润滑剂”，分别是感谢、道歉、赞美、请教（见图5－5）。

图5－5　四大润滑剂

1. 润滑剂一：赞美

导购员：“请问您厨房有多大面积啊？”

顾客：“大概12平方米吧。”

导购员：“李先生，您家厨房很豪华哦！这么大的厨房我遇到的可不多。”

顾客：“还行吧，我们新城别墅的厨房都做得比较大。”

导购员：“哇，新城别墅那是高档社区啊！能住这样房子的可都是成

功人士，真羡慕您啊。顺便问一下您厨房的光线怎么样？”

顾客：“32 楼朝阳，光线还可以。”

导购员：“是的，楼层高空气好，阳光也充足，确实不错。对了，您和家人都喜欢什么样的家居风格呢？”

顾客：“我喜欢韩式风格，但是厨房可能就不适合了。”

导购员：“您说得有道理，像您这样的成功人士很多都喜欢韩式的家具，但厨房一般都偏向于比较简洁明快的风格和色调，是这样吗？”

顾客：“是的。”

导购员：“李先生，与您谈话真的很舒服。也只有在这个时候才能跟您这样的成功人士聊上几句，我很希望能有机会为您服务。”

在这个案例中，导购员充分展示了高超的赞美技巧，让客户心里备感温馨与舒服。有句话说得好，“花儿不能没有水，人不能没有赞美”。但赞美真如很多人所认为的如此简单吗？赞美真的是一件想做就可以做到，想做就可以做好的事情吗？

为什么有时候对客户的赞美没有丝毫效果？为什么很多赞美反而会导致客户的反感？为什么有的服务人士因为赞美被客户认为浮夸及虚伪？原因就在于赞美作为一种重要的技巧，成功与否必须符合三个特定的原则：

（1）寻找一个具体的点。赞美在具体的时候才具有无比的威力，但胡乱赞美会流于空泛。风靡全球达半世纪的喜剧泰斗卓别林，1975 年 3 月 4 日以 85 岁高龄在英国白金汉宫被伊丽莎白女王封为爵士之尊荣。在封爵仪式中，女王对兴奋的卓别林说：“我观赏过许多你的电影，你是一位难得的好演员。”事后有人询问卓别林受封的感受。他有点遗憾地说：“女王陛下称赞我演的好，可是她没有说出哪部电影哪个地方演得好。”由此可见，赞美必须说出具体的点才能发挥出无比的威力。

（2）添加个性化的细节与事实。有太多的“赞美”说的不是事实、缺乏细节，而是违心地往别人脸上贴金。赞美的语言如果仅仅是一些华丽的形容词，会让客户感觉不真诚、不真实，赞美是否提供事实与细节显得非常重要。

赞美所描述的这个优点放在他或者她身上是不是一个事实，其实每个人都看得出来，客人也不可能感受不到。服务人士需要敏锐地捕捉客户身上的个性化的闪光点进行赞美，并通过细节进行描述，这样的赞美显得更客观、更真实，更打动人。

（3）赞美的表达尽量不露痕迹。用自己习惯的语言告诉给对方，千万不要用人人都用的套话及程序化的赞美用语。哪怕是一些很基本、非常常规的赞美用语，也要尽量用自己的话语表达，这样会更有隐蔽性，更不露痕迹。赞美的隐蔽性与赞美的效果成正比。高超的赞美总是不露痕迹，而拙劣的赞美总是显得很笨拙机械。

> 一天下班，某乘客乘大巴车回家，天热人多，他刚从前门上去。
>
> 司机对他大声吼道："往后面走，到后面去。"
>
> 乘客挤得头冒火星，问道："后面有位置吗，你给个位置我就到后面去！"
>
> 那司机突然来了一句："你坐我这个位置！"
>
> 乘客不甘示弱："可以啊，开得不一定差！"
>
> 此时，你一言，我一语，争得不可开交啊！你猜猜那司机是怎么回答的？
>
> 那司机来了这么一句："大哥，您是坐车的命，我们是开车的命，苦啊！"

司机的这一赞美可谓精妙，虽然乘客是坐大巴车的命，但受的捧却厉害得叫他无话可说！可见隐蔽性强的赞美在服务中能起到逆转乾坤的效果，更能使客户感到无比受用。

2. 润滑剂二：感谢

很多时候，不是服务人士不想表达他们的感激之情，只是不知道该如何开口而只好选择了沉默。而又有一些服务人士，他们感情的表达却让客户感到不自在。服务人士在表达感激的时候，还是需要以下"技巧"的。

（1）自然表达：表达你的感激之情的时候，服务人士一定要清晰而自然，不要吞吞吐吐、含糊其词，那样会给对方做作的感觉。有句话说得好："这个世界上除了父母生下自己是应该的之外，没有什么事情是别人应该为自己做的。"服务人士需要怀着一颗感恩的心，发自内心地向客户真诚地表达感激。

（2）小题大做：服务人士面对客户时，并非一定要客户购买自己的产品时才表达感谢。有时候服务人士要学会小题大做，即看似微小的事情，都可以向客户致以感谢。例如："谢谢陈总愿意百忙中接听我的电话""真的感谢李先生在服务过程中给予大力配合""这次真要谢谢刘经理，刚才给我留了面子，我铭刻在心"……这些服务人士抓住的感谢理由，或许客户根本没有在意，但一旦被服务人士主动提出并表达感谢，或许会让客户产生意外和感动。

（3）配合细节：在感谢的时候，服务人士不要忘记对方的名字。"谢谢你！"和"谢谢你，王总！"的效果是完全不同的，尤其是双方并不是太熟悉的时候。如果服务人士能在笼统的感谢后加上为什么要感谢的细节描述，会让客户觉得更真诚、更真实。

3. 润滑剂三：道歉

很多服务人士认为，道歉只有在客户表达不满或者服务过程中出现问题的时候才会用到。殊不知，真正的服务高手却把道歉当成一个增进与客户关系的润滑剂来运用，往往能产生意想不到的效果。

客户经理："金总，对我们的服务安排还满意吗？"

金总："不错不错！"

客户经理："金总，我得向您诚挚道歉。"

金总："道歉，道什么歉？"

客户经理："您到我们公司，按道理我应该到门口来迎接的，因为老总正好找我谈话。等我出来时，您已经到我们会所了，真的失礼了！"

金总："哪里话，你千万别放心里去，这是小事情。"

在这段对话中，客户经理在金总对服务安排基本满意的情况下，故意找一个细节表达自己的歉意，出奇制胜地制造了良好的印象。真正出色的道歉技巧有两大特点：

（1）预见性

到服务人士预见客户可能产生的不满与问题时，在客户还没有表达前，率先进行道歉，实践证明，事前道歉比事后道歉的效果好得多。

（2）反向性

真正有效的道歉技巧不在于出现客户不满和服务问题之后，反而在于客户基本满意和服务过程顺利的情况下。前者是希望道歉能雪中送炭，后者则期望通过道歉锦上添花，进一步增加客户的好感。

4. 润滑剂四：请教

日本的推销之神原一平有一次去拜访一家商店的老板。

原一平："先生，你好！"

店老板："你是谁呀？"

原一平："我是保险公司的原一平，今天我刚到这里想请教您这位远近闻名的老板。"

店老板："什么远近闻名的老板？"

原一平："是啊，根据我听到的情况，大家都说这个问题最好请教你。"

店老板："哦，大家都在说我啊，真不敢当。到底什么问题呢？"

原一平："实不相瞒，是这样的……"

原一平作为世界闻名的推销之神，是一个熟练运用请教技巧赢得客户好感的绝顶高手。在绝大部分客户的心理需求与情感需求中，被尊重、被认可、被推崇的心态往往占据主导地位。而且有些类型的客户非常乐意扮演"老师""老大""专家"的角色，希望别人能倾听与欣赏自己的表达。在服务与销售过程中，请教的技巧不仅可以被应用在破除双方的陌生感和客户的抗拒心理，更可以运用在探寻客户需求的提问中。"我想请教一下……"式的表达要远远比"我想问一下……"式的表达更让客户接受和认可。

服务人士："李先生，我想问一下您房子现在装修到什么程度了？"

客户："这个我也讲不清楚。"

服务人士："是啊，装修可是一件辛苦活，这段时间您没少操心吧!"

客户："就是，太辛苦了!"

服务人士："李先生，装修方面现在您也算大半个专家了，我弟弟家也在装修，有个小问题我想请教一下您行吗?"

客户："哪里话，我也不太懂，有什么问题你问吧。"

在短短几句对话中，服务人士第一次询问遭到了失败，客户以不清楚为理由婉言拒绝。于是，他马上调整了问话的方式，以请教的方式向客户提问，这次客户欣然接受。

二、提升亲和度的技能之二：感同身受技巧

有两个生产洗衣机的厂商的售后服务人士在和一个客户对话：

一位服务人士说："哎呀，你这台洗衣机太旧啦，用旧洗衣机很费时间，太太，你该换新的了!"太太立刻驳斥："你在说什么呀，这台洗衣机很耐用的，到现在都没有出现过故障，新的也不见得好到哪里去，我才不换新的呢!"

另一位服务人士则说："这是一台很令人怀念的旧洗衣机，因为很耐用，所以对太太有很大的帮助。"太太听到有人站在她的立场上说话，高兴地说"是啊，这倒是真的，我家这台洗洗衣机确实用了很久，是太旧了些，我倒想换台新的。"服务人士顺势拿出新产品的宣传手册，结果成功地让客户购买了新款的洗衣机。

为什么面对同一个客户，同样的情景，不同的表达方式却会产生截然不同的效果？在这一故事中，第二个服务人士展示了很强的亲和度，他能站在客户的角度考虑问题，让客户备感亲切，而他运用的，正是感同身受技巧。在服务的过程中，培养亲和度一个不可或缺的技巧便是感同身受（见表5－4）。

表5－4　　感同身受技巧

感同身受	无感同身受
·接纳对方观点和看法。 ·关心尊重此时此刻感觉。 ·态度亲和、温馨、信任。 ·适时开放自己。	·否定；争辩。 ·太强调过去的感觉与动机。 ·严肃、忠告、欲影响对方。 ·拒绝开放、否认自己的感觉。

（1）营造倾听、接纳、温馨和尊重的态度，使对方愿意表露感受、表达看法。

（2）进入对方的感受世界、站在对方的立场体会和了解其所表达。

（3）将自己的了解表达给对方知道。

（4）让对方产生强烈的被理解，找到知音的感觉。

1. 感同身受技巧的四个层次

感同身受技巧，在实践中由不同的服务人士运用，会体现出四个层次的水准（见表5－5）。为了便于表述，我们把感同身受分成四个层次，低阶段用L（low）表示，高阶段用H（high）表示，最低用两个L表示，最高用两个H表示（见图5－6）。

表5－5　　感同身受四层次

层次	反应方式	提问：我进来这么长时间，没有一个服务员上来接待，难道你们不想做生意了吗
LL	回答没有表达出对对方所表露出情感及内容的关注和理解	回答：怎么可能呢，肯定是服务人士没有看到你的手势。（不信任、反驳） 回答：现在是客人最多的时候，别的地方也都一样，你说是吧？（不相关，忽略对方感觉）
L	回答只表达对对方所表露问题和事实的关注	回答：你的意思就是你来了没有人接待对吗？（回答中表达了对客户所关注事实与问题的理解）
H	回答表达了对对方所表露出的问题与事实的理解，也表达了对问题给对方产生的影响的同情与认可	回答：您的意思是我们的服务人士没有及时招待，害得您白白浪费了宝贵时间等待对吗？（表达出对客户所遇到问题以及问题带来的影响的理解）

续　表

层次	反应方式	提问：我进来这么长时间，没有一个服务员上来接待，难道你们不想做生意了吗
HH	回答表达了对对方遇到的问题以及所产生影响的理解，同时用换位思考的方式，表达了对客户被隐藏了的心理感受的理解	回答：我非常理解您的意思，换成我，等了这么长时间没有人招待，当着这么多朋友的面，我也会觉得特别没有面子。（沟通了解事实外，还表达了对被隐藏感觉的理解）

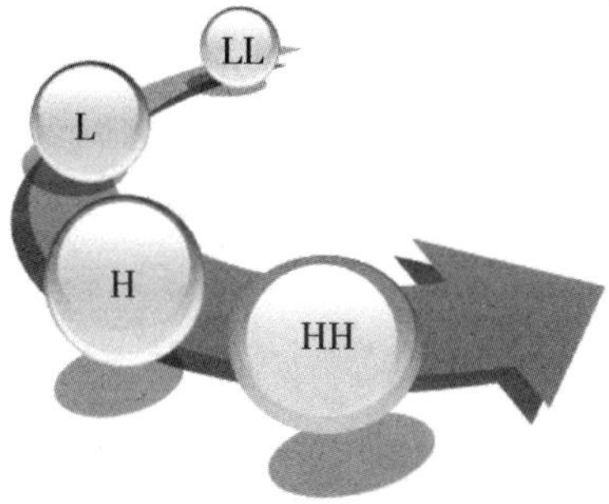

图5－6　感同身受四层次

2. 感同身受技巧的两大应用

感同身受这一技巧，尤为关键的是辨认客户隐藏的感受，这一技巧既能用在服务中迎合客户的需求，处理客户的不满与抱怨上，更可以运用在服务转为销售阶段，对客户提出的疑问和异议的处理上。

应对客户对服务的疑问和抱怨：

客户：“你们的前台态度恶劣，电话接到一半就挂了，你们是不是店大欺客啊。”

LL：“店大欺客，那不会的。”

L：“您的意思是我们前台挂你电话了对吗?”

H：“您的意思是由于我们前台挂掉你的电话影响了你的心情对吗?”

HH：“我非常理解您现在的心情，换成我是您也会有同样的感受，作为客户，这样的遭遇不仅影响了心情，更会觉得得不到足够的尊重，您说是吗?”

应对客户对新购买需求的异议和疑问：

客户：“你介绍得不错，可是这方面我的确还没有接触过。”

LL：“没接触过可以尝试嘛!”（忽视对方遇到的问题与感受）

L：“您的意思是对这个新产品还不够熟悉和了解对吗?”

H：“您的意见我理解，毕竟对这个新产品不够了解，担心可能的风险对吗?”

HH：“您的顾虑我能理解，如果换成我，也需要在决定前对产品有充分了解。毕竟万一忽略了一些细节做了决定，如果产生什么问题，虽然损失不大，但公司领导有什么不好的看法，那就麻烦了，您说对吗?”

三、提升亲和度的技能之三：找共同点

杰弗里·吉特默曾说：“如果你找到了与潜在客户的共同点，他们就会喜欢你、信任你，并且购买你的产品。”事实证明，人们更愿意与容易相处的人做生意，尤其是与客户初次见面，找到恰当的切入点，能够很快消除彼此的紧张感和陌生感。

张林要到上海出差，恰好朋友小李也去上海，并邀张林乘他的朋友陈明的车一路同行。陈明很健谈，并且和张林在一个圈子里做事，张林拉开车门的时候陈明主动和他打招呼，张林递过饮料他也欣然接受。

陈明：“兄弟，我应该比你大吧，你哪年的?”

张林：“应该同龄吧，我 73 年的。”

陈明：“我正好大你一岁，都是 70 后啊。”

陈明：“兄弟，我开车有时比较快，你可坐稳啦，哈哈。”

张林：“我也喜欢车开快点，您就放心开吧，呵呵。”

陈明：“那看来我们都是急性子啊，但在开长途时要注意……（开始

给张林讲开长途时的经验），你不是本地人吧？”

张林：“在本地定居了，爱人是本地的。”

陈明：“哈哈，太巧了，我也是本地女婿，怎么这么巧？”

张林：“呵呵，确实很巧。”

陈明：“孩子有了吧？”

张林：“是啊，女儿，明年要上小学了。”

陈明：“你说这天底下哪这么巧合，我家是男孩，也在为上小学的事情发愁呢？”（开始讲小孩入学的问题）

陈明：“听小李说你在集团负责营销策划，你们品牌做得很好啊。”

张林：“你过奖啦，公司效益好是大家的功劳，您在哪行发财啊？”

陈明：“开一家广告公司，不能与兄弟你比啊，如果允许请你多帮我一把。”

张林：“您太客气了，事业有成，朋友间相互帮助是应该的，您也多提意见。”

陈明：“呵呵，提什么意见啊，向你们学习呗……”

当车子抵达上海的时候，一份广告促销代理合同也等着张林和陈明签字了。

既然我们和客户生活在同一个时代、同一个空间，就必然能够找到与客户的相同或相似之处。例如，共同的生活环境、共同的工作性质、共同的兴趣爱好、共同的生活习惯等，就好比写文章有了好题目，从这些共同点切入，必然能够拉近与客户之间的距离。

与客户建立共同点必须具备以下基本原则：

（1）熟悉度：至少有一方熟悉，能够通过对话或其他的方式进行下去。

（2）兴趣度：客户或双方感兴趣，愿意花时间在一起谈下去。

（3）展开度：有展开探讨的余地，便于谈论，并且在适当的时候能够转到销售话题上来。

（4）自然度：共同点应比较自然，不能牵强。

（5）深入度：共同点必须有内容，不能蜻蜓点水。

其实服务人士和客户之间并不一定缺少共同点，缺少的可能是服务人士的观察力和洞察力。寻找共同点的方法还很多，譬如面临的共同的生活环境、共同的工作任务、共同的行路方向、共同的生活习惯等，只要仔细发现，与客户无话可讲的局面是不难打破的。以下是寻找共同点的四大要诀，供参改：

（1）找到共同点：从相貌外形等多个方面找到共同点，客户的心理状态、精神追求、生活爱好等，都或多或少地要在他们的表情、服饰、谈吐、举止等方面有所表现，只要服务人士善于观察，就会发现共同点。

（2）侦探共同点：通过谈话侦察共同点，在开场阶段，为了打破沉默的局面，开口讲话是首要的，有人以招呼开场，询问对方籍贯、身份，从中获取信息；有人通过对方口音、言辞，侦察对方情况；有的以动作开场，一边帮对方做某些事，一边以话试探。

（3）揣摩共同点：细心的服务人士分析客户与周边人的对话，客户同别人谈话时留心分析、揣摩，也可以在对方和自己交谈时揣摩对方的话语，从中发现共同点。可见细心揣摩对方的谈话，确实可以找出双方的共同点，使陌生的客户变为熟人，并可能发展成为朋友。

（4）挖掘共同点：随着交谈内容的深入，共同点会越来越多。为了使交谈更有益于双方，必须一步步地挖掘深一层的共同点，才能如愿以偿。

第六章

服务过程中的柔性成交策略

第一节　柔性成交与刚性成交的区别

在服务过程中，一旦客户的购买需求被有效地激发与引导，则服务人士可尝试着进行促成销售结果的努力。在常规的销售流程中，当销售人员捕捉到成交时机并发现成交信号后，往往会被要求不遗余力地运用各种成交技巧来获得期盼的销售结果，而在此过程中客户的心理感受时常会被忽略。

客户："你的介绍都不错，但我想再考虑考虑。"

销售人员："买东西就应该像您这么慎重，要先考虑清楚。您对这个产品还是很有兴趣的吧，不然您不会花时间去考虑，对吗？"

客户："是的！"

销售人员："我只是出于好奇，想了解一下你要考虑的是什么，是担心售后服务吗？"

客户："哦，不是，售后服务没有问题。"

销售人员："那是价格方面的问题吗？"

客户："也不是！"

销售人员："那是我为人有问题吗？"

客户："不，怎么会呢？"

销售人员："那究竟是什么问题让您今天不能做决定呢？"

客户："我什么事情都得向你汇报吗？"（脸色阴沉后勃然大怒）

在这段对话中，销售人员用层层逼近、步步为营的方式，不断发问，企图最后让客户说出他所担心的问题，以便实现顺利成交，这种成交技巧被称为步步紧逼成交法。在很多公司对销售人员的培训中，步步紧逼法会被当作正面的范例广为推荐，甚至会被推崇为销售人员对客户实施影响力的首选手法。然而这类目的性强、沟通方式直接，不断给客户压力的成交方式却经常会遇到客户的反感和反抗。

一位慈善基金儿童爱心卡项目的负责人在向某企业家推荐爱心卡，该企业家反复询问了解以后，却迟迟不愿意做决定。

这位爱心卡负责人说："现在，我身边很多企业家都会给自己的家人，特别是太太和孩子购买爱心卡。他们告诉我关爱自己的妻子和儿女是自己最大的光荣和责任，而以妻子和儿女的名义买爱心卡是对他们无限关爱的一种方式。爱心卡不仅是一种慈善行为，更能让自己的家人也同样接受其他人的爱心。我遇到很多企业家为他们的妻子和儿女买爱心卡时，都是毫不犹豫，像您优柔寡断，我是第一次见到……"企业家听了以后，说："我考虑考虑再联系你！"

负责人说："我觉得这不是理由！您刚才多次提到太太和女儿是您生命的全部，难道您不希望您的太太和女儿得到别人的祝福吗？难道您不认为给她们购买爱心卡是体现您对他们关心的一种方式吗？您说您是一位有爱心的丈夫和爸爸，但在这次我看不到您的行动……"

听了这位负责人的话，企业家脸涨得通红，他沉默了一会儿，低沉地说："那就为我太太和女儿各买一张吧。"就这样，该负责人很快就获得了企业家的签单。

这个真实的故事曾经一度被广泛流传，而且这种被称为"激将法"式的成交策略还被一些培训师当作培训案例去进行推广。

但是，这个故事还有下文：这个企业家买了爱心卡后，对爱心卡负责人的做法极其反感，作为一家报纸的副总编，他不仅写信给这家慈善基金投诉，而且还在报纸上披露了这段亲身经历。并且，他把这段经历在微博中四处发布，建议自己圈子里的好友，都不要去购买爱心卡。

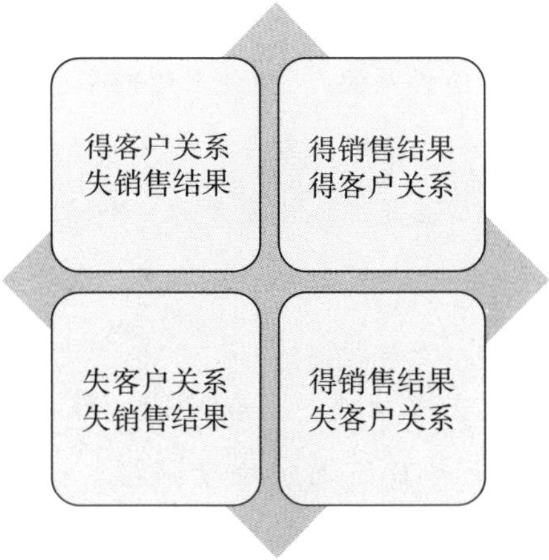

图6－1　销售结果与客户关系

这个完整的故事给服务人士的启发是，服务过程中的销售，不能单纯以促成销售结果为目标，而应兼顾与平衡客户满意及销售结果两大目标，力求实现双赢。特别是在最后的成交环节，服务人士应该选择更注重客户感受，更具有亲和力和隐蔽性，沟通更加柔性的成交技巧，以避免出现上述两个案例中与最初愿望背道而驰的后果。通常情况下，服务过程中不同成交策略的运用会导致四种不同的结果（见表6－1）。

表6－1　　销售结果与客户关系

得销售结果 失客户关系	·过度使用诱惑性或者强迫性的成交技巧，赢得了销售结果，失去了客户满意和客户关系
得客户关系 失销售结果	·过度注重客户满意和客户感受，不懂得抓住时机运用成交技巧赢得销售结果，维持了客户关系，却失去了本可以得到的销售结果
失客户关系 失销售结果	·不恰当地使用了令客户反感的成交技巧，既失去了客户满意，破坏了客户关系，又失去了销售结果
得销售结果 得客户关系	·巧妙地运用了合适的成交技巧，既实现了客户满意，又赢得了销售结果，实现了双赢

服务人士如果期望实现既得到客户关系，又得到销售结果的双赢局面，

就要尽可能运用目的性不明显、给客户压力小、隐蔽性强、以引导而非说服为特征的成交技巧，我们称之为柔性成交技巧。

魏文王曾求教于名医扁鹊：“为什么你们家能出你这样一个绝世神医呢？”扁鹊：“大王有所不知，其实我家兄弟三人，个个行医。论医术，大哥最好，二哥差些，我是三人中最差的一个。”

魏文王不解地说：“不可能啊，你的名气天下无人不知，而你大哥、二哥我却从未听说啊。”

扁鹊解释说：“大哥治病，是在病情发作之前，那时候病人自己还不觉得有病，但大哥就下药铲除了病根，使他的医术难以被人认可，所以没有名气，只是在我们家中被推崇备至。我的二哥治病，是在病初起之时，症状尚不十分明显，病人也没有觉得痛苦，二哥就能药到病除，所以周围人都错误地认为二哥只是治小病很灵。我治病，都是在病情十分严重之时，病人痛苦万分，病人家属心急如焚。此时，他们看到我在经脉上穿刺、用针放血，或在患处敷以毒药以毒攻毒，或动大手术直指病灶，使重病人病情得到缓解或很快治愈，所以我名闻天下。”魏文王听了恍然大悟。

在这个很多人都听过的小故事中，扁鹊的大哥注重防患于未然，这就好比服务人士在客户的异议和抗拒产生之前就想办法将这些隐患消除根治；而扁鹊大哥用药除病，病人自己还毫无察觉，这就好比服务人士在成交引导时非常注重客户心理感受、注重隐蔽性，让客户毫无察觉隐藏在服务背后的销售目的。

而扁鹊的做法呢？往往在病入膏肓或者恶疾难愈时施以重药、以毒攻毒，不仅治疗的过程让病人十分痛苦，而最后的结果也生死难料。这就好比在服务与销售过程中的最后成交阶段，由于客户的异议与不满未能在前面的服务过程中得以消除和预防，服务人士期望通过施加压力、诱惑行动甚至强迫成交等手段，强行促成最后的销售结果。

而扁鹊大哥与扁鹊本人的医术的对比，也正是柔性成交技巧与刚性成交技巧的对比（见表6-2）。

表 6－2　柔性成交与刚性成交

特　　征	柔性成交	刚性成交
主要目标	兼顾客户满意与销售结果	通常以销售结果为先
处理异议	尽可能在异议产生前预防	在异议产生后一一击破
关键技巧	暗示、分析与心理引导	诱惑、强迫、刺激等各手段
表达方式	服务的语言，高度隐蔽	销售的语气，目的性强
客户的感受	无压力，被尊重，被关心	有压力，被忽悠

在销售场景中常见的激将法、步步紧逼法、恐吓成交法、死缠烂打法、代为决定法，等等，都是典型的刚性成交技巧。在引导客户新购买需求的过程中，服务人士尽可能不用并且千万要慎用这些刚性成交技巧，因为这些技巧很容易导致客户的心理抗拒和强烈反感，特别容易破坏服务人士与客户之间的和谐关系。即使能侥幸如此前案例中爱心卡负责人获得客户签单这样的结果，但所产生的负面影响和潜在损失可能远远大过服务人士所能预期的。

那么要真正做到和实现柔性成交，究竟有哪些技巧可以使用呢？这些技巧又分别适用于哪些情境，哪些类型的客户呢？（见表 6－3）

表 6－3　柔性成交的技巧

	柔性成交的右脑技巧	柔性成交的左脑技巧
适用情境	当客户对服务人士产生足够信任，开始从左脑的理性分析转移到右脑的感性思考后	当客户对服务人士还未产生充分信任，不安全感还未彻底消除，还在用左脑理性思考时

从实效性角度来看，被证明行之有效的柔性成交技巧共有九个，这九大技巧可根据不同情境和不同类型的客户进行针对性的应用（见图 6－2 所示）。其中苏格拉底法、猫和老鼠法、假设成交法、羊群效应法和特殊待遇法适用于当客户对服务人士产生足够信任、并用右脑感性思考时，这些成交技巧被称为柔性成交五大右脑技巧；而富兰克林法、异议清除法、选择成交法和小点成交法则更适用于当客户对服务人士还未充分信任、还在用左脑理性分析时，这些成交技巧被称为柔性成交四大左脑技巧。

柔性成交五大右脑技巧	柔性成交四大左脑技巧
· 苏格拉底法	· 富兰克林法
· 猫和老鼠法	· 异议清除法
· 假设成交法	· 选择成交法
· 羊群效应法	· 小点成交法
· 特殊待遇法	

图 6－2　九大技巧

第二节　柔性成交五大右脑技巧

一、苏格拉底法

苏格拉底法源自于古希腊著名哲学家苏格拉底的教学方法。因为哲学是一门特别难以让人理解的学问，并且哲学思想特别难以通过灌输、解释和说服让听者理解与认同。而苏格拉底却从来不会告诉他的弟子任何的答案和结论，他总是喜欢通过询问一系列的问题让他的弟子们自己慢慢感悟出道理，找到答案。因此，苏格拉底有句名言：“答案就在问题里！”谈到苏格拉底法，就不得不提到能深刻揭示苏格拉底法精髓的扑克牌游戏。

在某次公司的年会上，刘渊被同事们起哄上台表演。一看推托不过，他拿出一副崭新的扑克牌，并随机挑选了另一个部门的同事沈峰上台配合。刘渊先让沈峰把大王和小王从整副牌中抽出来，然后让沈峰随意从52张牌中抽取一张，抽出的这一张牌沈峰自己不能看。刘渊看了一下牌，就马上放进了自己的裤袋里。

刘渊问："请问你至少打过一次到两次牌是吗?"

沈峰："是的。"

刘渊问："请问你拿到的是一副没有任何问题的普通扑克牌对吗?"

沈峰："是的。"

刘渊："在这52张扑克牌里一共有两种颜色，一种是黑色，一种是红色是吗?"

沈峰："是的。"

刘渊："如果让你从中任选一种，你会选择黑色还是红色?"

沈峰："我选择黑色。"

刘渊："谢谢，黑色比较大气，那剩余的一定是红色，是吗?"

沈峰："是的。"

刘渊："在红色的扑克牌当中，也分为两种花色，一种是红桃，一种是方片，对吗?"

沈峰："是的。"

刘渊："如果让你从中任选一种，你会选红桃还是方片?"

沈峰："我选择红桃。"

刘渊："好，红桃代表了爱心，一看你就是个很有爱心的人，那剩下的一定是方片，是吗?"

沈峰："是的。"

刘渊："谢谢你，在方片的牌中，它一共有13张牌，是吗?"

沈峰："是的。"

刘渊："13张牌中又分为花色牌和数字牌，是吗?"

沈峰："是的。"

刘渊："在花色牌和数字牌中，你会选择哪一种?"

沈峰："我选数字牌。"

刘渊："好的，数字牌有1、3、5、7、9奇数牌和2、4、6、8、10偶数牌是吗?"

沈峰："是的。"

刘渊："在奇数牌和偶数牌中，你会选择哪一种？"

沈峰："我选偶数牌。"

刘渊："好的，方片的2、4我们当成小数牌，6、8、10我们当成大数牌，您会选哪一种呢？"

沈峰："我选小数牌。"

刘渊："好的，那就是方片2和方片4是吗？"

沈峰："是的。"

刘渊："好，那方片2和方片4如果让你选，你会选哪个？"

沈峰："方片2。"

刘渊："好的，你确认是吗？"

沈峰："是的。"

刘渊："好的。"

刘渊缓缓地从裤袋里拿出那张沈峰自己选择的牌，赫然是一张方片2。

在刘渊玩的这个扑克牌游戏中，难道他是在表演魔术吗？不！这不是什么高难度的魔术，而是一种高超的心理引导技巧。从谈话的一开始，刘渊就不停地向沈峰进行提问，而提问的诀窍是他的每个问题，沈峰只能回答"是的"，即YES！

在不断提问的过程中，沈峰开始进入一个不断回答YES的循环，一个YES接着另一个YES，通过一步一步让沈峰说YES的引导，刘渊最终让沈峰自己说出了那张他期望沈峰说出的牌。

服务与销售过程中的成交引导也是如此，服务人士可以通过不断问让客户说YES的问题，积少成多、积小成大，最终让客户说出那个自己期望客户做出的决定，这就是苏格拉底法提倡的"先求小YES，再求大YES"。苏格拉底法之所以被列为柔性成交的右脑技巧，一是这种方式的引导让客户很少感到抗拒和不安，二是这种方式的原理在于让客户陷入右脑的惯性思考，从小的 YES 开始一步一步引导到重要的购买决定。

苏格拉底法一开始便造成对方肯定、同意的思维习惯，这是苏格拉底最擅长的方法，只问对方只能以“YES”回答的问题。如此继续下去，对方的心理必定如掷出的球，往固定的方向前进，方向一旦肯定之后，警戒心便无法控制它了。

Linda 是某保险公司的销售冠军，在一次富豪宴会上，主持人为了增添气氛，现场鼓动 Linda 来说服一位非常富有的陈姓企业家购买她的财产险。

Linda：“陈总，我知道您是全中国最有钱的人之一，您的财富富可敌国，您知道为什么您这么成功吗?”

陈总：“懂得做生意啊。”

Linda：“没错，您不但会做生意，我听说您还是中国最热心公益的企业家之一，可是您是不是也承认，生意有起有落，您也有可能经历低谷和低潮是吗?”

陈总：“是的。”

Linda：“那么当您经历低潮的时候，您还是希望自己的爱心继续能够做下去是吗?”

陈总：“是的。”

Linda：“甚至不管您这个人在不在世界上，是不是?”

陈总：“是的。”

Linda：“那么陈总，如果我能够提供给您一个计划，就是说您不用自己掏口袋的钱，而且即使您不在了，也会有很多穷人因为您得到帮助。您愿意听听吗?”

陈总：“是的。”

Linda：“那么陈总，您觉得做慈善应该用多少钱才够?”

陈总：“我资产的 30%。”

Linda：“资产的 30%，非常好。那陈总，如果我给您设计一个计划，以您财产的30%来投一份财产险，这份财产险能帮助您不管在高峰还是低谷，不管是现在还是在将来，都能稳定地向全中国受到您资助的孩子们提供爱心。哪怕将来有一天您不在这个世界上了，而受您资助的孩子们还能因为您的恩惠而改变命运，您有兴趣吗？”

陈总：“好的，我很有兴趣。”

在本案例的对话演练中，Linda的策略始终是让陈总不断地回答YES，通过不断的询问引导，最终让陈总自己说出Linda想要听到的答案。

在销售步骤最后的成交阶段，运用苏格拉底法的另一个好处是，由于结果和答案是客户自己说出来的而不是服务人士强加的，因此客户对自己说出的承诺会更认真地去履行，更真心地去兑现。

从案例中更可以发现，一旦客户进入了一个说YES的循环，即使后面要客户做出更重要的决定，更重大的选择，客户说NO的概率也会大大降低，这也体现了苏格拉底法的柔性特征。

二、猫和老鼠法

在一次公司内部的左右脑能力训练课程上，培训师林老师表示要做一个测试，他邀请一位自告奋勇者上台，小伙子甘明主动举手要求参与。

林老师：“请快速流利地连续说10遍老鼠。”

甘明：“老鼠，老鼠，老鼠……”（连续说了十遍）

林老师：“请马上回答，什么爱大米？快！”

甘明：“老鼠。”

林老师：“什么成群跑？”

甘明：“老鼠。”

林老师：“什么爱钻洞？”

甘明：“老鼠。”

林老师：什么“猫最怕？”

甘明："老鼠。"

甘明听到台下哄然的笑声，一时还丈二和尚摸不着头脑。

林老师："你再说一遍，什么猫最怕？"

甘明仔细一想，不禁哑然失笑。

在这段对话中，为什么甘明会"糊涂"到说出"猫怕老鼠"这种连自己都不敢相信的话，其背后的原理就在于通过连续说10遍老鼠，紧接着又连续回答了三个答案是老鼠的问题，甘明的左脑已经彻底放松了警惕，甚至停止了理性分析，而是依靠右脑进行习惯性思考。而右脑思考的惯性让他不由自主地在回答"猫最怕什么"这一问题时不假思索地回答了"老鼠"。

有一对夫妇约好了售楼处的客户经理去看一套房子，出发前，丈夫对妻子说，你千万不能让对方知道你喜欢挑高客厅啊，否则没有办法杀价了。

在看房过程中，丈夫说："这房子好像有些漏水。"客户经理呵呵一笑，转头对妻子说："太太，您看这八米高的客厅是否特别大气?!"妻子不由自主地说："是啊是啊!"

先生又说："这房子采光好像不太好。"客户经理微微一笑，又热情地对妻子说："太太，您看这个客厅的气派是不是特别像香港电影中豪宅中经常出现的那个?"妻子情不自禁地说："是挺像啊!"

客户经理又问："太太，看得出您特别偏好挑高的大客厅对吗?"妻子说："是啊!"客户经理附和道："只有这样的大客厅才能体现成功人士的品位和身价……"在整个沟通过程中，客户经理总是有意无意地引导到挑高大客厅上，而妻子总是很顺应地回应"对，对，对!"结果，这套昂贵的别墅被顺利卖掉了!

客户经理的成功在于他发现了太太对"挑高大客厅"的特殊嗜好，并利用"猫和老鼠"效应，在沟通中不断强化刺激，在妻子的大脑中形成了"我买房就是看中挑高大客厅"的惯性思维。

而每个客户心目中，都有一个类似这位太太心中挑高大客厅的关键购买点——Key Buying Point。服务人士需要在成交阶段识别客户的关键购买点，并利用猫和老鼠效应“反复刺激关键购买点”。

猫和老鼠法作为一种柔性成交的右脑技巧，决定成败的重要因素是服务人士是否能成功识别客户的关键购买点——Key Buying Point，是否能够找到每个客户心中的那个“挑高大客厅”。

三、假定成交法

“李总，我们送货上门，您看是今天给您送，还是明天给您送？”这种表述方式是服务人士假定客户已经接受建议，进而通过询问客户成交后具体行动的方式来促成客户决定的成交技巧，这种成交技巧被称为假定成交法。

假定成交法的立足点是假定“客户会买”，一般是在服务人士介绍完产品的特点，并且基本扫除了客户的不安和疑虑，且客户一再释放出购买信号后，这时服务人士就不失时机地向顾客提出一些具体问题，帮助其下定购买决心。

如果说苏格拉底法的核心是让客户不断说 YES 的话，那假定成交法的核心是尽可能让客户不说“NO”，只要客户对服务人士的提议不说“NO”，那就意味着可以顺利成交。

之所以把假定成交法归类成柔性成交的右脑技巧，是因为表面上看起来这种方法是在非常理性地询问客户的具体行动和操作细节，但本质上假定成交的目的是在客户的右脑中形成已经确定购买的思维假象，让客户的思维跳过考虑是否决定购买的环节，而直接跳跃至考虑购买后相关细节和具体行动的思考上。以下的一些表述都是常见的假定成交法的说辞：

（1）王老板，您看分红报告书是寄到您家里还是办公室？

（2）陈经理，您看收益人是您太太还是您孩子？

（3）您手上这支口红很适合您的年龄和肤色，来，我们帮您装起来好吗？

（4）您希望我们的工程师什么时候给您上门安装？

（5）请问需要我现在帮你把盖子打开吗？

（6）童女士，我们把这次公开课安排在下个星期五和星期六两天，您那里可以派几个人过来呢？

但是大量的实践和案例表明，假定成交法在应用的过程中也经常会出现客户反感和抗拒的情形，最主要的原因是服务人士没有把握住“柔性表达”这一关键，而过于直露与刚性的表达方式是造成客户说“NO”的主要原因。

那如何才能在假定成交法的使用中体现出柔性表达技巧？如何才能大大降低客户说“NO”的概率呢？服务人士特别需要把握好以下三个要点：

1. 关注客户类别

假定成交法更适用于对服务人士充分信赖，具有明显购买意愿的客户，不适用于还在犹豫比较，没有释放明显购买意向的客户；同时，这种方法更适合偏感性和冲动、决策能力相对低的客户，不太适合自我意识强或特别理性思考的客户。

2. 关注表达形式

假定成交在表达时特别要注意尽可能减少客户的压力，切忌自作主张和咄咄逼人，避免产生强加于人的高压气氛。服务人士需要表情自然大方，语言温和、委婉，尽量用以关切、真诚、礼貌和尊重为特征的服务性语言来请客户做决定，这样可以大大降低客户的反感，降低客户说“NO”的概率。

3. 附加美好联想

假定成交法在使用时降低客户抗拒心理的另一个角度则是预先刺激客户右脑的美好想象，让客户大脑中出现做出购买决定后可能会带来的好处和享受。

（1）白云女士，您首付希望付三成还是四成？我要先恭喜你啊，两周后您就可以享受这里的美好风光了。

（2）胡先生，您看今天下午我们就派工程师去为您安装好吗？办理好高速宽带接入业务，您明天就可以享受到快速网络冲浪的感觉，再也不用担心时常死机、文件丢失的情况了。

（3）王总，在协议中参加人数我先写上三十人，到时候可以灵活调整好吗？我很有信心您公司的电话销售人员在参加完培训后，其电话沟通水平会明显上升一个台阶，公司销售业绩在几个月内就会有明显突破。

四、羊群效应法

一位石油大亨到天堂去参加会议，一进会议室发现已经座无虚席，没有地方落座，于是他灵机一动，喊了一声："地狱里发现石油了！"这一喊不要紧，天堂里的石油大亨们纷纷向地狱跑去，很快，天堂里就只剩下那位后来的了。这时，这位大亨心想，大家都跑了过去，莫非地狱里真的发现石油了？于是，他也急匆匆地向地狱跑去。

羊群效应法就是比喻任何人都有一种从众心理，从众心理很容易导致跟随甚至盲从。由于多数客户的决策既是一种个人行为，又是一种社会行为，既受个人购买动机的支配，又受社会购买环境的制约，个人认识水平的有限性和社会环境的压力是从众心理产生的根本原因。

在服务和销售过程中，可充分利用客户的从众心理，促使客户立即做出购买决策。以下表述都是常见的应用羊群效应推动客户做出购买决策的范例：

（1）您看，这是过去一个月我们这个产品的交易记录，已经超过500个买家了。

（2）购买我们这个软件的客户，在中国的上市公司中有300多家，您看这是我们的客户名单。

（3）我们这个小区，买的人可都是有些层次的，您走在路上可能随时会碰到那些你熟悉的明星。

（4）这种热水器很畅销，您看这是一些用户订单，有东北的、华北的、西北的……

（5）你们局的王局长也是我们的老客户啊。

羊群效应法的确能让不少产生强烈购买意向的客户加速购买决定，但也不是所有的客户都能接受这样的从众引导，甚至有些客户还会产生逆反心理。羊群效应法的实践应用，有两点特别需要引起注意：

1. 注意点一：客观表达

服务人士在进行从众心理暗示的时候，尽可能少用主观的评价，多提供客观的信息、事实和依据，而且一定要具体。为什么很多企业在进行产品宣传推广时非常注重“软广告”，即用新闻及消息的形式传递品牌价值，就是因为在客户心目中，更具客观性的新闻比带有明显主观性的广告更具有说服力，更具备可信度。更为关键的是，客户对客观事实的抗拒性要远远比服务人士的主观结论小得多。

（1）“张总，这次你们连锁行业很多公司的老总都来参加我们的培训了。”

（2）“张总，这次万能百货的李总、金威集团的秦总、林捷连锁的向总等20多家你们连锁行业的老总都确认参加我们的培训了，稍后我把参加名单整理一下发给您好吗？”

对比两段不同的表达，很明显，后一种显得更客观、更务实、更可信、更具体，因而接受程度更高，招致的反感和抗拒更小。

2. 注意点二：因人而异

羊群效应法的效果也因人而异。对于做决定不够主动、比较优柔寡断、缺乏安全感的客户，用羊群效应法可以起到明显效果；相反，对于个性相对强势、目的性强、不容易被影响、比较理性的客户，用羊群效应法可能会招致反感。

五、特殊待遇法

肖扬是一家保健器材公司的客户经理，他今天要去回访老客户梁总。梁总曾在肖扬那里为他太太买过一些练瑜伽的健身设备。和梁总聊了半个小时，临走时，肖扬给梁总送上一个小礼物：“听说您的父亲就要过70大寿了，他的身体还这么硬朗，活到100岁不是问题。这是我的一点小心意！”

梁总连忙感谢：“你有心了，我爸爸身体是不错，可毕竟年龄大了，身体一天不如一天了呀。我也是有什么好的保健品尽量给他买。”

肖扬说：“老年人食补是没错，但现在国外都流行老年人健身，因为健身是身体和心情的综合练习，对保持老年人身体活力特别有帮助。”

梁总说：“以前也经常锻炼身体，可今年不行了，他觉得太累，况且老年人健身，万一伤了筋骨，那可怎么办。”

肖扬接着说：“是啊，这也是我们公司开发老年人系列保健器材的目的。”

接下来，肖扬把老年系列保健器材的所有好处都说了个遍。

当看到梁总已经流露出了购买意愿后，他说：“梁总，您是我的老客户了，而且我也把您当成我的一位兄长，同时您的孝心让我非常感动。这样吧，伯父的生日就在后天，我想这个健身器材一定是一份能让亲戚朋友见证您孝子之心的礼物。因为这个系列特别适合老年人，这几个月几乎卖到脱销。按道理您现在订，至少一周后才能拿，而且没有任何优惠。”

“因为我也有年过古稀的父母，我今天非常感动。这样吧，如果您今天确定，我为您特别破个例，亲自去仓库直接拿货，叫一辆货车在后天一早送到您家。同时，因为公司规定没有任何优惠，我个人愿意补贴给您我佣金的50%，也算我的一点心意。不管您是否决定，也请梁总帮我保密，因为这样的做法我只能给您梁总一人，否则其他客户肯定有想法。”

梁总：“放心，那我肯定会替你保密的！”

在这个小故事的尾声，肖扬以感人的语言，发自肺腑的表达，提出给梁总独一无二的服务政策与优惠价格，让梁总既在情感上产生莫大的被尊重、被认可的感觉，又在心理上似乎觉得欠了肖扬一份人情，而还这份人情最顺理成章的方式便是决定购买。

服务人士若要真正用好特殊待遇法，需要牢牢把握几个关键字。

1. 关键字一：特殊

特殊待遇法之所以能打动客户，贵在特殊。因为每个客户在接受服务时，都希望自己是被特殊对待的，自己所获得的是其他人得不到的。对很多客户而言，服务的差异化感受甚至比服务本身的价值更可贵。

在这个案例中，肖扬给了梁总两个特殊的待遇，一是亲自送货，确保提前送达；二是补贴佣金，以提供别人无法享有的价格优惠。

聪明的服务和销售人士往往善于迎合客户需要“独一无二”待遇的需求，

为客户创造“享有特殊服务”的美好感受。

2. 关键字二：真实

特殊待遇法在应用中最大的挑战在于“不够真实”，被客户认为弄虚作假。而体现“真实性”的关键在于给客户一个为什么他（她）能享有特殊待遇的充分理由。案例中肖扬给了梁总一个能充分自圆其说的理由，那就是他非常欣赏、钦佩以及认可梁总的孝心。

3. 关键字三：条件

特殊待遇法在具体应用时，为避免客户把特殊待遇变成必须确保的“基本待遇”，进而提出更多更高的要求，服务人士需要为特殊待遇的兑现附加一定的条件，而在案例中肖扬的条件就是“如果您今天决定”。特殊待遇法附加的条件可从三个不同角度来考虑，分别可用 TMD 三个字母来表示：

（1）T 就是 TODAY，为给客户的特殊待遇附加了时间条件，常用的表达是“如果今天您能决定的话”。

（2）M 就是 MONEY，为客户的特殊待遇附加了价格条件，常用的表达是“如果价格方面您没有问题的话”。

（3）D 就是 DESCION，为客户的特殊待遇附加了决策权条件，常用的表达是“如果您本人能做主的话”。

第三节　柔性成交四大左脑技巧

一、富兰克林法

很多客户在做最后决定的时候，总会犹豫不决，不知该买还是不该买，这就表明客户的心理天平还在摇摆，天平的一边是买后带来的好处，另一边是买后可能的坏处。而客户的难以决策很大程度来源于他搞不清楚做出购买决定后是好处多还是坏处多，这时用富兰克林法就会非常有效。

在某IT产品专卖店，老张先生看中了一款最新的平板电脑，服务人士小黄热情细致的介绍让他很满意，但他还在犹豫不决。

小黄："张先生，要购买这样的产品，我也不希望你随便下决定，买后再后悔。当然我也知道，如果购买的产品好处多、坏处少，那就应该买；买的产品坏处多、好处少，别说你不愿意买，我也不愿意卖了。"

张先生："买肯定想买的，只是……"（欲言又止）

小黄："因此我们来客观分析一下，到底您买这个是好处多还是坏处多。"（拿出一张白纸）

张先生："好啊，你帮我分析分析。"

小黄："您看我画了个T字形，一边写好处，一边写坏处，我把所有的好处全写下来您看一下。"

小黄："好处我写好了。我相信您之所以犹豫可能你感到购买我们产品有一些坏处是我想不到的，您来写坏处。"（把笔交给顾客）

小黄鼓励张先生："您尽量写，总共就两个吗？"

张先生："实在想不出来了！"

小黄："这张纸上列了七个好处和两个坏处，张先生你看购买我们的产品有这么多好处，而可能的坏处只有两项，我相信您可以做出决定了。"

小黄运用的成交技巧就被称作富兰克林法。据说富兰克林做一件事情的时候有这样的一种习惯，取出一张纸，拿笔在上面画一条线，左边写上做这个决定的好处，右边写上做这个决定的坏处。

富兰克林法又称理性分析成交法，就是鼓励潜在客户去考虑事情的正、反面，突出购买是正确选择的方法。

富兰克林法的基本做法是：在一张纸上画出两栏，呈"T"字形，左边表示肯定，右边表示否定。即把购买某产品的一切好处按照轻重缓急进行排序写在左栏，将客户感知到和可能感知到的不利点写在右栏，让客户权衡利弊而决定。这份利弊卡在具体操作时有两种写法：

1. 服务人士与客户各自写一份

由服务人士写上购买决定的好处，也同时写上购买决定的坏处，而客户也同样如此。然后把两份合并，把好处合并在一起，把坏处合并在一起。

2. 在同一张白纸上，服务人士写好处，客户写坏处

这种做法便于客户进行利弊比较，说服力强，特别是服务人士在书面写下这些信息时，能让客户感觉到服务人士不是自己的对立方，而是帮助自己来做客观分析的。

在列出了购买决定的好处和坏处之后，服务人士不要否定这些坏处，而是要以更多的好处来淡化有限的坏处，当客户发现购买产品的好处多于坏处时，他就会自然做出决定。

富兰克林法的应用，至少有三个明显的特点：

（1）客户在犹豫不决时，往往担心购买决定后出现的各种风险。但真正让他白纸黑字写下时，往往在时间和信息有限的情况下，很难想出太多的否定因素。

（2）富兰克林法巧妙地转换了双方的角色，从卖方与买方这两个相对对立的角色，转换成共同分析，一起参与决策的伙伴角色。

（3）富兰克林法对决策果断的客户，以及细致分析型的客户都非常适合，因为这符合他们强调理性的特点。

二、异议扫除法

对于那些理性思考，很难被轻易引导和影响的客户，在成交阶段最重要的一项工作就是确保客户心中的异议被彻底扫除。这类客户的决策特点是，只要心里还存在疑问、担心和不安全感，无论服务人士如何引导和影响，他们绝对不会轻易做决定。

服务人士可以在确保他们已经基本扫除心中异议的前提下，用委婉的表达方式直接提出成交建议。因为这时候，问题的关键不在于用怎样的成交技巧，而在于异议是否被成功扫除。

在异议扫除法具体应用时，可以针对以下两种不同的情境：

情境一：客户未提异议。基于服务过程中客户的信赖和认可，服务人士的引导和推荐没有遇到客户的抗拒，而客户释放购买信号时，也没有提出任何的异议。

情境二：客户异议被扫除。在沟通过程中，客户对服务人士的推荐表现出很大的兴趣，并且相关的异议被服务人士基本扫除。

对于这两种不同的情形，异议扫除法在具体应用时，也有对应的表达方式，即询问法和请求法。

1. 询问式表达

询问式表达主要是服务人士在提出成交前再次询问和确认客户是否存在异议，以确保在成交建议时没有抗拒和阻力，这是一种比较安全稳妥的表达方式，比较适用于情境一。

（1）陈总，您看您还有什么疑问吗？

（2）李女士，您看还有什么需要我解释的吗？

（3）刘经理，您看还有什么不明白的吗？

2. 请求式表达

请求式表达是指服务人士直接提出成交请求的表达方式，这种方式的应用一般在服务人士确信客户的异议已经基本被扫除后，比较适用于情境二。

（1）王先生，既然你没有其他意见，那就麻烦您看一下协议是否需要修改。

（2）高总，既然大家都达成一致了，那我们就草拟合同吧。

（3）沈小姐，既然全部条款您都同意了，那麻烦您签个字吧。

在服务人士提出成交的要求后，就要保持缄默，静待客户的反应，切忌再说任何一句话，因为这个时候任何一句话很可能会立刻引开客户的注意力，使成交功亏一篑。

三、选择成交法

在成交阶段，客户在心理上往往有这样的需求，那就是“我的决定我做主”，即客户希望由自己来做决定而不是接受别人帮他做的决定，往往在很多时候客户的拒绝仅仅是因他们被剥夺了决定权。

选择成交法就是充分考虑了客户需要选择权的心理，不是为客户提供单一选项，而是为客户提供多个决策选项，由客户自己做决定。从表面上看来，选择成交法似乎把成交的主动权交给了客户，而事实上就是让客户在一定的范围内进行选择，可以有效地促成购买行为。选择成交法的范例可以说比比皆是：

（1）请问您是需要加份牛肉还是荷包蛋？

（2）请问您是需要雪碧还是可乐？

（3）请问您是刷卡还是现金？

（4）请问您是选择白色还是红色？

（5）请问您是需要 A 款还是 B 款？

（6）请问您是上门取还是需要我们送货？

细致分析这些范例所提供的选项，不难发现选择成交法应用的三大原则：

1. 避开“要还是不要”

服务人士为客户提供多个解决问题的方案，无论客户选择哪一种，都是服务人士想要达成的一种结果。运用这种方法，不是让客户回答“要还是不要”的问题，而是让客户回答“要 A 还是要 B”的问题。例如：“您是喜欢豪华房还是标准间？”“您是今天签单还是明天早晨再签？”“您是希望送小礼品还是拿价格优惠？”这种方法表面上是把成交主动权让给了客户，而实际只是把成交的选择权交给了客户，其无论怎样选择都能成交，并充分调动客户决策的积极性，较快地促成交易。

2. 原则二：避开“太多选项”

在引导客户成交提供选择时，不要提出两个以上的选择，因为选择太多反而令客户无所适从。向客户提供选择时，尽量避免向客户提出太多的方案，最好的方案就是两项，最多不要超过三项，否则你不能达到尽快成交的目的。

3. 原则三：协助决策

选择成交法对那些喜欢做决定，个性果断的客户而言是一种非常受欢迎的方式。但当遇到有些客户对所提供选择还是举棋不定，服务人士就需要适当提供更详细的补充信息，对两个选择进行适当的客观分析，以协助客户来做决定。

四、小点成交法

某培训公司的客户经理秦明正在和其重要客户 A 公司的人力资源总监宋江讨论 A 公司领导层年度培训合作计划的最后细节。

秦明："宋总，这次合作，按照您的要求，我们全部用您认可的最好的老师，这些老师的课程，您都亲自听过，所以讲师方面您看还有什么建议？"

宋江："讲师基本没什么问题了。"

秦明："在价格方面，虽然我顶着特别大的压力，但最终还是按照宋总您的要求，在合同金额上再降低 10%，所以宋总，这次价格方面您看我也尽力了吧。"

宋江："价格没问题了，毕竟我们一年的场次多啊。"

秦明："您再帮我看一下整个年度排课的日期和进度有没有问题？"（递上排课日程表）

宋江："没有问题！"（仔细看）

秦明："好的，那宋总您看一下这份协议，唯一空的三个地方就是讲师、费用、日期，其他都是标准条款，既然这三点我们都达成一致了，那今天我们趁大家都在，就把协议签了吧。"

在这段对话中，秦明唯恐宋江在面对几十万金额的年度培训合作协议签署时犹豫不决，于是把整个购买决定拆分成三个组成要素，分别是讲师、价格和日期，一一确认，一一解决。

秦明所应用的小点成交法是利用了客户的成交心理活动规律，避免直接提示客户比较敏感的重大的成交问题，而是向客户提出比较小的次要的成交问题。逐渐由小到大，由小攻大，由小求大；先小点成交，再大点成交，最后促成客户做出购买决策。

小点成交法在使用时需要注意两个关键原则：

1. 针对客户关心的问题选择适当的成交小点

成交小点一般是指有关诸如产品包装、运输、交货日期和保修条件等一些相对次要或易取得一致意见的问题；很多时候客户不愿直接涉及决策的重大问题，而只对成交的某些具体问题产生兴趣。成交小点的决策能减轻客户成交的心理压力，有利于服务人士主动地尝试成交。

2. 原则二：注意小点问题和大点问题的联系

所谓成交大点问题即指购买决策的重大问题。因此，小点成交就是先就成交活动的具体条件和具体内容达成协议，再就成交活动本身达成协议，采取的是循序渐进、迂回进攻的策略促成交易。

第七章

服务中四类行为特征客户的迎合与引导策略

第一节　四类行为特征的客户

很多服务人士都有这样的困惑，不管是在服务需求迎合阶段、购买需求引导阶段，还是在成交推进阶段，同样的表达方式应用在不同的客户身上效果差别很大，而同一个客户采用不同的沟通策略结果往往大相径庭。下面是同一个客户与两位采用不同沟通方式的服务人士之间对话的场景，或许能让众多服务人士产生共鸣或反思。

大卖场内，A 品牌空调扇的促销导购与一欲买 B 品牌普通电扇的顾客之间对话。

一位 30 多岁的男性顾客，大踏步地直接来到 B 品牌电扇的堆放处，拿起一个就走。（他的行动动作大、目标感明确，讲究效率，属果断、直接的顾客）

［情景一］

服务人士："先生买电扇呀，你拿的那个现在一般人都不买了，你是放在卧室里吗？"（说话直接、果断，还略带强势的质问）

顾客："别人不买我买，买着放着看，可以吧?!"（语气生硬，显然是有点厌烦服务人士的这种直接拷问的表达方式）

服务人士："您可别买了当摆设啊！我真心替您考虑，这也太浪费了呀！你倒不如看看我们的空调扇，它的制冷效果比你买的普通电扇好多了。”

顾客：“我就要普通电扇了，就不要空调扇，空调扇能比得上空调吗？你别啰嗦了，我就是买空调扇也不会买你的！”（顾客声调提高八度，语气强硬，支配别人的欲望大增）

[情景二]

服务人士：“先生买电扇呀，你拿的那个现在一般人都不买了，你是放在卧室里吗？”

顾客：“别人不买我买，买着放着看，可以吧？！”

服务人士：“噢，先生说话真有趣，买电扇当摆设，您真是第一人。（马上调整说话方式：微笑、轻松带调侃式的跟进）。像您这样的有钱家庭，即使买个电扇当摆设，您也完全有这个经济实力；像我们这样打工的，没法和您比啊。”（运用了赞美等方式）

顾客：“我本来就想买普通电扇的，难道我买不起空调扇吗？”（听到服务人士的这番话，顾客语气马上缓和许多）

服务人士：“好，大哥，我来帮您拿，服务台在那边，我领您去。看得出来，大哥是个爽快人！大哥一定在哪做老板吧？一听说话就有一种气势和魄力。”

顾客：“老板谈不上，做点小生意而已。”（脸上露出得意的微笑）

服务人士：“大哥太谦虚了，大老板都说自己是做小生意的。像大哥这样的人，家里的房子肯定好几间。大哥何不考虑下把电扇放在比较宽敞通风的客厅里，然后在相对闷热的卧室里放台空调扇。像您这样的成功人士，健康很重要的，因此，卧室里夏天能不开空调尽量不要开，对身体不好。”

顾客：“哦？是吗……你那空调扇多少钱一台？”

这两个情境中服务人士面对的是同一个客户，为什么不同的迎合与引导方式，会产生完全不同的效果呢？这两个场景的对比至少能给予服务人士这样的启发：在服务与销售的过程中，客户是分不同行为类型的，不同行为类型的客户具有不同的特点、习惯、表达方式和对服务人士的期望。

一、客户常见的四种行为特征

为了更好地归纳与理解服务过程中客户的不同行为特征，我们以客户对外界控制力的强弱（主动、被动）为纵轴，以其对自我控制力的强弱（感性、理性）为横轴，将客户的行为特征划分为四个类型，并且用不同的物质与颜色的组合来表示（见图 7－1）。

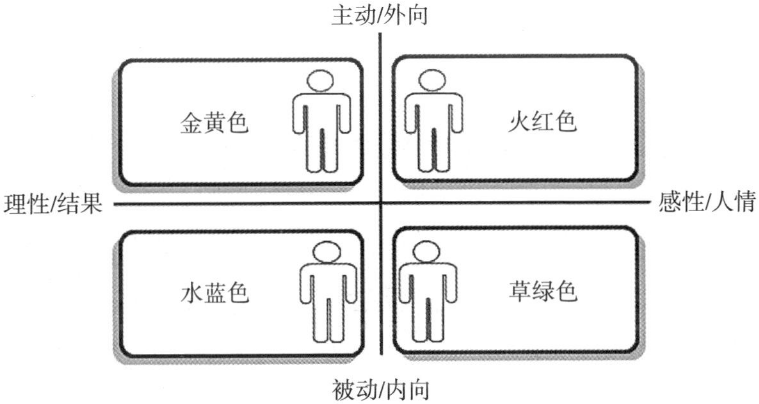

图 7－1　常见的四种行为特征

1. 火红色

红色代表热情、动感、积极，而火则代表了奔放、热烈、不冷静。颜色中的红与物质中的火的结合，则代表了外向、好表现、注重感受，这样的顾客对外界控制力强，人际交往主动积极，希望影响对方、以自己为中心，而同时对自我控制力弱，比较感情用事、比较感性。

2. 金黄色

黄色自古以来代表着权威、至高无上、说一不二，而金子也代表着高贵、傲慢、唯我独尊。因此颜色中的黄与物质中的金的结合，则代表着强势、支配、命令、冷酷甚至武断。金黄色的客户为支配型，对外界控制力强，希望指挥他人，自我控制力也强，非常理性、目的性强，很难被影响和左右。

3. 水蓝色

蓝色代表着冷静、思考、理性，水则代表清澈、透明、沉稳。因此颜色中的蓝和物质中的水的结合，则代表着独立、内敛，对外界控制力弱，不擅交际言谈，不太容易向对方表示友好，同时自我控制力强，属分析型，喜欢独立思考、冷静，注重细节，有时死板、神经质。

4. 草绿色

绿色代表着和平、和谐、妥协，而草则是一种能被踩在脚下而隐忍生长的植物，不抗争、忍气吞声。草绿色客户对外界控制力弱，对自我控制力亦弱，他们和气、友善、决策慢，且优柔寡断，缺乏安全感。

二、四种行为类型客户的外在表现

不同类型的客户，在行为举止上也有明显的区别，服务人士通过仔细的观察与倾听，可以比较轻易地识别不同类型客户的行为特点，从而可以采取不同的应对方式（见表 7－1）。

表 7－1　四种行为类型客户的外在表现

火红色客户的行为特征	
关键词	活泼、热情、多变、健谈、擅沟通
决策方式	凭感觉做决策
声音特性	讲话很快、音量也比较大，音调抑扬顿挫；你可能经常会听到爽朗的笑声
行为特征	很热情、友好，经常提出自己的看法；往往对你所讲反应迅速，有时也会同你开开玩笑
主要需求	他们追求的是被人认可，渴望成为关注的对象

续　表

金黄色客户的行为特征	
关键词	坚定、果断、自负、目的性强
决策方式	决策果断、以事实和任务为中心
声音特性	讲话很快，音量比较大，讲话时音调变化不大
行为特征	可能会刁难你，以显示权威，喜欢讲而不是听，他们讨厌浪费时间
主要需求	渴望竞争优势，向往第一的感觉。权力、地位、威信和声望都会对他们产生极大的影响
水蓝色客户的行为特征	
关键词	细致、敏感、理性、悲观、不太友好
决策方式	极其注重细节，通过大量的事实、数据做判断，决策很慢
声音特性	讲话不快、音量也不大，音调变化也不大
行为特征	不太配合、不喜欢讲话、不主动表达看法，让人觉得难以理解
主要需求	准确、事实与证据，获得可靠圆满的结果
草绿色客户的行为特征	
关键词	平稳、随和、寡言、友好、镇静
决策方式	不急不躁，优柔寡断，做决策一般很慢
声音特性	讲话不快，音量不大，音调会有变化，但不像火红色人那么明显
行为特征	反应不是很快，是很好的倾听者，只要你能引导他，他们会配合
主要需求	人际关系、感情、信任、合作和和谐对他们很重要

第二节　与四类行为特征客户沟通的基本原则

在服务人士与四类不同行为特征的客户的交往中，一定要首先关注四类行为特征客户行为上鲜明的不足。每种行为特征的客户都有其优点，也有其缺点。服务人士首先要特别关注这四类客户的行为缺陷，因为这些缺点会在沟通中制造不少的麻烦和挑战（见表7－2）。

表7－2　四种客户的行为缺陷

火红色	金黄色	水蓝色	草绿色
·太注重自我感受 ·喜欢奉承赞美 ·情绪波动大起大落 ·疏于兑现承诺 ·多变不专一	·太自负 ·死不认错 ·控制欲强 ·咄咄逼人 ·容易发怒	·过度理性 ·情感脆弱 ·喜好批判和挑剔 ·不主动与人沟通 ·患得患失	·拒绝改变 ·胆小被动 ·没有主见 ·缺乏创意

火红色行为特征的客户喜欢热闹、热情、会赞美奉承的人，特别不喜欢冷漠和一本正经；金黄色行为特征的客户则不喜欢服务人士太感情化，喜欢直奔主题、简单明了、目的明确；水蓝色行为特征的客户则喜欢看到细节和证据，不喜欢被引导和说服；而草绿色行为特征的客户则注重和谐、友善，但不希望改变现状。这些特点都是服务人士在与其沟通中需要特别注意的（见表7－3）。

表7－3　四种客户的应对法

客户类型	在沟通中你需要做的	在沟通中你不能做的
火红色	1. 积极并且热情，让人觉得有趣 2. 了解他们，询问他们对事情的态度和意见 3. 对他们的观点看法表示支持 4. 认可，赞美，寻找共同点 5. 口头承诺以增加对方的心理满足感	1. 一本正经 2. 太关注工作 3. 询问他们对细节的看法 4. 冷漠，不尊重
金黄色	1. 开门见山、直切主题 2. 方案分析简洁明确、具体，便于选择 3. 有准备、有组织 4. 强调结果所能引起的作用，带来的效果 5. 提供选项	1. 浪费时间、毫无目的 2. 过度关注细节 3. 太感情化 4. 争吵，打断对方
水蓝色	1. 承诺的内容坚决兑现 2. 给出价格/配置的细节 3. 精心准备详细的资料以及相关的数据和细节 4. 提供证据 5. 询问意见和建议	1. 杂乱无章 2. 太随意 3. 用主观来判断 4. 过于自信，主动出击 5. 企图说服

续　表

客户类型	在沟通中你需要做的	在沟通中你不能做的
草绿色	1. 友善、真诚，显示关心和关切 2. 随意，不紧逼 3. 支持对方并给对方思考的空间 3. 积极地听，鼓励他们说 4. 帮助他们尽快做决定	1. 严肃地谈生意 2. 向对方下命令 3. 给对方太大压力

第三节　四类行为特征客户的服务接待及需求迎合策略

有一家购物网站的客户服务经理陈小姐给在网上订购了新款蓝光DVD的罗先生打电话：

陈小姐：“罗先生，真的不好意思，您订的蓝光DVD缺货了！”

罗先生：“这个我不管，我明天下班前必须拿到！”

陈小姐：“罗先生，您听我解释，这是由于厂家的问题，他们的产品因为质量缺陷全部召回了。”

罗先生：“这是你们的事情，我明天下班前一定得拿到，否则我肯定投诉。”

陈小姐：“罗先生，请您听我解释，产品召回这是对客户负责的做法，符合相关法规，所以对我们而言这也是不可抗力的意外。”

罗先生：“厂家和你们是一起的，厂家我管不了，我要你们负责，明天必须送货！”

陈小姐：“罗先生，产品召回世界各地很普遍，很多汽车都实行召回制度，您可以看上周的报纸，上面就有一家汽车公司召回产品的新闻。

您如果不相信的话，我可以把报纸复印给您看。”

罗先生：“看什么看，和我没有关系。”

陈小姐：“肯定有关系啊。这样吧，我要求厂家出一份召回声明，这回您总该相信我说的了吧?”

罗先生：“你脑子是不是有问题啊? 我要的是 DVD，不是什么声明。明天送不到，我马上投诉!”

看过这个案例的不少人或许会觉得罗先生有些无理取闹，或许会认为陈小姐的解释和解答都有条有理、合乎规范。然而，故事的下文是陈小姐的顶头上司石总监亲自给罗先生去电话，开门见山地提出更换一个同类品牌同等款式和功能的 DVD，并承诺确保第二天送到时，罗先生居然当场同意，而且表达了感谢。

不难看出，罗先生是典型的金黄色行为特征的客户，他的需求非常简单，就是结果，结果，结果。而陈小姐呢，却不断给他提供解释原因的细节，细节，细节。由此可见，罗先生在服务需求时的行为特征与陈小姐在提供服务时的行为方式不匹配，才是问题产生的根本原因。

服务人士在满足客户需求的过程中，不能按照自己的想法提供自认为最好的服务，而是应该识别四类客户在接受服务过程中的需求和行为特点，对症下药，提供针对性的服务过程、服务内容和服务结果（见图 7－2）。

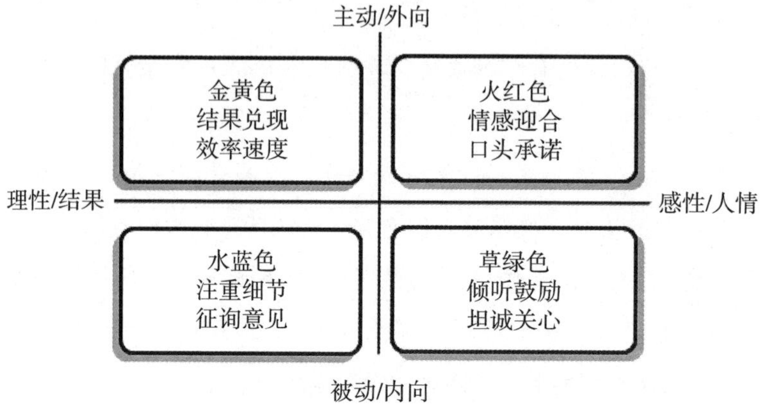

图 7－2　四类客户的服务需求迎合策略

一、火红色行为特征客户的服务接待与需求迎合策略

1. 火红色行为特征客户在接受服务过程中

（1）好面子，需要尊重，更注重对人的控制而不是对结果的控制。

（2）不注重细节，对结果并不一味执着，更加需要自尊心甚至虚荣心的满足。

（3）对服务人士亲和度的要求要远远高于专业度的要求。

2. 为火红色行为特征客户提供服务时的关键

（1）情感迎合。火红色行为特征的客户是四类客户中对尊重和认可期望最高的客户，因此，服务人士特别需要给予更多的嘘寒问暖，尤其需要对他们表达出足够的理解与尊重，并且通过赞美、认可、请教、道歉、感谢等客户关系润滑剂，使火红色行为特征客户得到足够的心理满足。

（2）口头承诺。火红色行为特征的客户，在服务人士帮助其解决问题的过程中，喜欢听到口头上的承诺和言语上的保证。因为这类客户对外界控制欲的实现并非依赖最终的结果，而是以沟通对象的屈从和接受作为衡量标准。所以，服务人士需要在适当时刻给予这类客户快速的口头承诺，这样可以迅速缓解其不满和抱怨。等这类客户情绪平复、好感增加后，服务人士可再次对其按照自己预先设定的方向进行引导。

二、金黄色客户的服务接待与需求迎合策略

1. 金黄色行为特征客户在接受服务过程中

（1）注重对结果的控制、结果导向，且主观性强，很难被影响和改变。

（2）表达服务需求时单刀直入、直奔主题，快速提出对服务结果的明确要求。

（3）稍有不满便会发怒、抱怨甚至投诉，为追求结果不惜代价。

（4）会通过给服务人士确定截止时间等限定条件来确保成果的实现。

2. 为金黄色行为特征客户提供服务时的关键

（1）结果兑现。服务人士需要快速承诺，立刻行动，通过结果来赢得金黄色客户的认可。这类客户不仅需要听到承诺，而且需要看到行动，服务人士通过行动让这类客户感受到他们已控制了局面。

（2）效率速度。金黄色行为特征的客户希望看到服务人士的服务效率和响应速度，他们对快速反应有很高的期望和要求。这类对目标和目的很坚定的客户，希望看到服务人士有很强的执行意识和执行效率。如果服务人士办事拖拉、不断找借口，或者承诺了迟迟不兑现，这类客户肯定会勃然大怒。

三、水蓝色行为特征客户的服务接待与需求迎合策略

1. 水蓝色行为特征客户在接受服务过程中

（1）极其理性，注重细节，和服务人士缺少互动但会细致思考分析。

（2）经常会抓住一个细节进行喋喋不休的详细表达。

（3）对服务人士专业度的要求要远远高于亲和度的要求。

2. 为水蓝色行为特征客户提供服务时的关键

（1）注重细节。对水蓝色客户而言，完美的细节才是专业可靠的体现。服务人士要赞美和认可水蓝色客户对服务过程和细节的描述，对他们的精确度和全面性进行赞扬和肯定，有意识地顾全他们细腻的自尊心。同时，要在服务过程中，从情感、过程、沟通和视觉等角度在细节上力求完美，因为任何细节的不注意都会增加水蓝色客户的不信任和不安全感。

（2）征询意见。在服务水蓝色客户的过程中，服务人士需要不断地征询他们的意见和建议，以便了解这类客户对哪些细节特别关注，可能会产生哪些不满，哪些地方是他们觉得特别重要的。征询意见的过程其实也就是服务人士掌握这类客户的所思所想，以便更好迎合满足的过程。服务人士需要通过征询意见来确保“自己努力去做的”和“客户真正想要的”在同一轨道上。

四、草绿色行为特征客户的服务接待与需求迎合策略

1. 草绿色行为特征客户在接受服务过程中

（1）表现温和，不会争辩，不会抱怨，但会把不满情绪藏在内心。

（2）对结果的要求相对较低，只希望达到底线即可。

（3）最恨冲突，所以他们仅仅希望问题可以过去即可。

2. 为草绿色行为特征客户提供服务时的策略

（1）倾听鼓励。对草绿色行为特征的客户，要保持倾听他们真实的意见和想法，即使他们表面上很友好，不代表他们真正满意，很可能他们的不满会藏在心里。因此，服务人士对这类客户更需要学会倾听他们的弦外之音。同时，要鼓励这类客户积极发表意见，创造一个坦率交流的氛围。

（2）坦诚关心。要对草绿色的客户表达足够的关心和关怀，使服务的过程轻松愉快。在服务中不要给这类客户太大的压力，要既显示出对客户的格外重视，又要适当注意和保持距离。

五、四类行为特征客户与满足客户期望五度指针

在之前客户期望值驾驭的章节中，我们分享了满足客户期望的五度指针，分别是结果度、有形度、反应度、情感度和对比度。

富有经验的服务人士或销售人士都有共同的体会，那就是有些客户对结果度要求很高，有些则对情感度要求很高，而有的则特别注重有形度，也有的尤其关注反应度。由此我们可以得出一个结论，不同类型的客户，五个度的优先级和重要性完全不同。

因此，我们有必要把满足客户期望的五度指针进行实战升级，去探询如何识别不同客户心中不同的“度”，而这所谓不同客户，即我们通过金黄色、火红色、水蓝色和草绿色所区分的四类行为特征客户，也被称为“四色客户”。

通过对大量一手案例的分析、总结、归纳、验证，就“四色客户”和

“五度指针”的结合，我们得出如下结论：

（1）每一种行为特征客户，都特别注重五个度中的两个关键度。我们在服务客户时，一定要先识别客户的“颜色”，然后匹配迎合这种“颜色”客户最需要的两个关键度。

（2）我们发现“火红色”客户最关注服务过程中的情感迎合和人际互动，并且最关注自己所获得的服务是否是差别对待的、与众不同的，因此“火红色”客户的两个关键度是情感度和对比度。

（3）我们发现“金黄色”客户最关注自己所要的服务结果是否能得到满足，并且这类客户对反馈的速度、回应的效率、服务结果提供的时效特别注重，因此“金黄色”客户的两个关键度是结果度和反应度。

（4）我们发现“水蓝色”客户也特别关注自己所要的服务结果是否能得到满足，但是水蓝色客户未必希望快速得到结果，他们更希望了解和看到服务的过程、进度、细节等，以获得充分的安全感，因此“水蓝色”客户的两个关键度是结果度和有形度。

（5）我们发现“草绿色”客户只要能见证和了解服务的进度和过程，即便未能得到结果，他们也能给予包容和体谅。而且草绿色客户非常注重人情，是人际情感导向的，因此服务过程中如果给予充分的情感交流和关系互动也能获得客户的认可和肯定。因此“草绿色”客户的两个关键度是有形度和情感度。

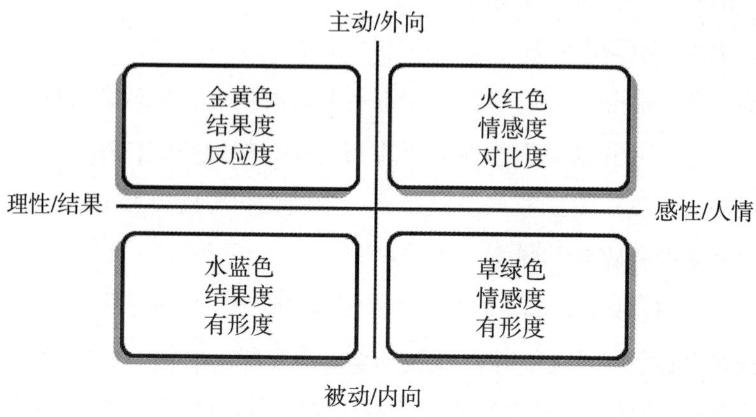

图 7－3　四类客户的两个关键度

第四节　四类行为特征客户的新购买需求激发与引导策略

保健品销售专区，一位大约40岁的中年男性在认真、仔细地挑选保健品。

服务人士：“大哥，您好！买保健品啊？”

顾客：（不答话）

服务人士：“是自己吃还是给家人买？”

顾客：（还是不答话）

服务人士：“大哥，您看这盒高丽参卖得挺好的，东西绝对正宗，效果特别好，您可放心买！”（见顾客的眼光落在高丽参上，服务人士随即介绍）

顾客：（面无表情）

服务人士：“大哥，要不您看看这个产品，脑白金，延缓衰老，提升记忆力，特别适合您这样经常用脑的人！”（服务人士拿下脑白金，递给顾客）

顾客：“哦……”（终于开口，接过产品）

服务人士：“经常做广告，错不了的！大哥，您睡眠好吗？”

顾客：（放下产品，无表情无语言，离开了保健品专区）

服务人士心里自言自语：“真难伺候，半天不出声音，一看就不是来买东西的！”

在这一案例中，服务人士对这位态度冷淡的客户进行了多次购买需求引导，其中他既进行了多次产品效果的推荐，又进行了针对性的分析，并且最后还进行了提问式的需求探询，但结果却是客户漠然离去。导致这次需求引导不成功的原因究竟在哪里呢？事实真的像服务人士所言这不是一个真正有购买需求的客户吗？

运用所掌握的四类行为特征客户的基本知识，服务人士可从另一个角度去分析这个案例。在购买需求的引导阶段，不同类型的客户是否需要差异化的需求引导策略？针对同一客户运用了不同的需求引导策略是否会导致截然相反的效果？这个客户最终的漠然离开是否是因为服务人士的引导策略与其行为特征不吻合？

的确，在服务向销售过渡中的需求引导阶段，不同行为特征的客户呈现出各自鲜明的外在表现，火红色的客户是最容易冲动的客户，金黄色的客户是目标最坚定的客户，水蓝色的客户是最理性的客户，而草绿色的客户是最需要引导的客户。

一、火红色行为特征的客户：容易冲动的客户

火红色行为特征的客户一般倾向于主动沟通，他们很容易和服务人士打开话匣子，比如主动询问还有什么其他的服务与产品适合他们。他们容易受一些促销信息的影响，对创新的产品或者服务产生兴趣，随之产生购买的冲动。对火红色行为特征的客户，服务人士在进行需求引导时，需要抓住两个关键词：激发联想，效果承诺。

1. 关键词之一：激发联想

火红色的客户是感性的，而且是人际关系导向的，因而他们会更多地使用右脑来判断与分析。因此，服务人士对这类客户的需求引导应该聚焦于激发其美好的联想与想象，具体体现在：

（1）通过发现客户对理想结果的想象来开始。

（2）形象化地描述产品及服务带来的美好享受与体验。

（3）通过新的产品与服务以及促销计划来激发其兴趣。

（4）强化刺激其对情感、尊重、地位、面子、社交等方面需求的满足感。

2. 关键词之二：效果承诺

火红色行为特征的人，在分析判断服务人士所推荐产品或者服务的价值

时，往往不是通过对事实与细节的理性分析，而是通过对服务人士所传达的语言与非语言的自信与信心来间接地得出结论。换句话说，这类行为特征的客户，不会注重“事”的判断，而更加注重对“人”的判断。因此服务人士往往需要通过“人格担保”“信誓旦旦”“口头承诺”等形式来迎合火红色行为特征客户判断分析的需要。

陈总：“你这个产品到底可靠不？可别忽悠我啊？”

客户经理：“陈总，和您交往也有3年了，我的为人您也肯定很清楚，没有100%把握我不会向您这样的老客户盲目推荐的。”

陈总：“是啊，这次如果有问题，我们的合作我可要重新考虑啊。”

客户经理：“陈总，这次我以人格担保，绝对不会有任何后顾之忧。您是我们的大客户，如果有什么问题，除非我们不想在这个行业干了，您说呢？”

从这段对话中可以看到，客户经理没有通过细节、事实和数据来分析产品质量的可靠，而是通过信誓旦旦的承诺向客户传递信心和决心，而这也是火红色行为特征的陈总最喜欢听到的。

二、金黄色行为特征的客户：目标坚定的客户

金黄色行为特征的客户主导性和目标性都很强。他们喜欢制订计划，并按计划去实现目标。金黄色行为特征的客户会给服务人士强大的心理压力。服务人士一旦判断出客户属于金黄色行为特征，在需求引导最开始不必过于主动地推荐，等时机成熟再巧妙地进行需求引导。

在超市中经常看到这样的客户，假设他们是去买啤酒，不管在同一地点各类啤酒品牌的促销人员如何游说，不管其他品牌有怎样的促销活动，这类客户就像没有看见一样，会径直走到自己中意品牌的啤酒陈列区，拿起就走，这就是金黄色客户目的性极强的体现。对金黄色行为特征的客户，因为其目的性特别强，特别不容易被说服，因此服务人士在进行需求引导时，也需要

抓住两个关键词：目标认同，价值归纳。

1. 关键词之一：目标认同

金黄色的客户是理性的，而且在交往中占主导地位，对自己已有的目标和计划非常执着，甚至极端固执。因此，服务人士对这类客户的需求引导应该从客户自己认为正确的目标与目的出发，让客户感觉他在控制局面，他在主导着结果，而服务人士所说所做，都是在自己设定的框架内的。服务人士对金黄色客户的目标认同，具体体现在：

（1）通过发现客户表现出的以及潜在的目标来开始。

（2）通过询问让客户的目标与目的清晰地显示出来。

（3）用自己的语言和表达对客户的目的和目标表达尊重和认可。

2. 关键词之二：价值归纳

金黄色行为特征的客户，只在乎结果，不在乎过程，只在乎结论，不在乎细节。他们不希望听到冗长的细节陈述。在服务人士详尽介绍细节的过程中，金黄色的客户往往会不耐烦地中断和干预。

在服务人士进行需求激发与引导时，金黄色行为特征客户希望尽快听到重点，尽快切入正题。因此，服务人士需要深刻理解金黄色客户给予自己用来展示推荐产品或者服务价值的时间非常短促和紧张，可能是3分钟，可能是1分钟，甚至可能只有30秒，他们随时会因为听不到自己想要的结果而进行打断。

服务人士对产品与服务的价值分析与价值归纳，最有效的方式便是数字法，即用数字的方式归纳出产品与服务的特征与价值。

客户："你不用和我谈这么多，你就直接告诉我哪套房子最符合我的要求？"

房产中介小王："李先生，我和同事们都一致认为36号别墅最符合您的要求，主要有三点：一是全部房间朝南，完全符合您对采光的高要求；二是花园面积将近600平方米，您朋友多，请客聚会有个大花园既实用又体面；三是这个房子视野特别好，前面没有遮挡，特别能减缓压力，放松心情。"

客户：“好了，我知道了，你就说个底价，价格到底能降低多少？”

房产中介小王：“李先生，我和房东死缠硬磨，最后的底价是再降低20万元，这已经是给您很大面子了。之所以这个房子目前我认为性价比特别好，有两个原因：一是房东要出国，因此急卖，开价就很低；二是在他报价时，我告诉他现在行情不好，要快速出手，价格还得优惠，最终我又说服他比挂牌价降低了20万元。”

为了应对金黄色行为特征客户直截了当的询问，小王用了两次数字法来进行要点归纳。首先他用数字法归纳了所推荐别墅的3个优点；随后针对客户的价格异议，他又用数字法归纳了两点这个房子的价格优势。小王用数字法进行的价值归纳简单、清晰、快速、明了，是金黄色行为特征客户所希望和喜欢听到的。

三、水蓝色行为特征客户：最理性的客户

水蓝色行为特征的客户，是最理性、最注重细节、决策周期最长的客户。他们绝对不会听服务人士的一面之词，而是会多方面收集信息，发现细节，分析比较。

水蓝色行为客户不仅会依靠自己的能力去分析判断，而且会向朋友甚至专业人士多方咨询、寻求帮助。他们的每次购买行为都会把他们变成相关产品与服务的半个专家。

水蓝色行为特征的客户在与服务人士的沟通中，喜欢问一些专业性的问题和细节问题来考一考服务人士，以判断其是否专业和可信。水蓝色行为特征的客户，永远都不会把不满意写在脸上，但却会在心里做全面、详细的评价。面对水蓝色行为特征的客户，服务人士的需求引导，也要把握两个关键词：专业分析，有形证据。

1. 关键词之一：专业分析

水蓝色行为特征的客户是理性的，而且在沟通中往往不主动，不太愿意

表达，他们往往通过被动的倾听和观察来分析和判断。服务人士在需求引导时，一定要对这类客户进行专业的介绍与分析，具体体现在：

（1）不要给水蓝色行为特征的客户下结论，他们不需要服务人士给他们结论和建议，他们需要的是事实、细节、证据、数据等，以便他们自己得出结论。

（2）向水蓝色行为特征的客户做专业分析，不仅需要专业观点和论点，更重要的是论据和证明，特别需要注意细节的描述和提供，因为没有细节呈现的观点会被这类客户认为是缺乏可信度的。

（3）对水蓝色行为特征的客户，一定需要体现出足够的耐心，他们可能会一个问题解决后新的问题又产生了，他们可能会就一个细节穷追不舍，打破砂锅问到底。应对水蓝色行为特征客户的服务人士，必须做好打持久战的准备，任何一个环节疏忽或者不注意，往往会导致前功尽弃。

2. 关键词之二：有形证据

水蓝色行为特征的客户，在倾听服务人士的专业分析时，不仅需要“听道理”，更希望“看事实”。因此在服务人士详尽的介绍过程中，除了专业的讲解之外，更需要尽可能提供一些有形的证明和材料来佐证，我们可称之为针对水蓝色行为特征客户的 PSS 需求引导。

所谓 PSS，就是三个字母的缩写，P 即 Proof（证明与证据），可以包括产品和服务的各类资格证书、书面评论、客户评语、交易记录，等等。S 即 Sample（样本与样品），可以包括产品的小样、范本、演示材料等。另一个 S 即 See（看到、看见），必须是有形、可视的，这类客户特别认可“百闻不如一见”。PSS 的含义就是，服务人士尽量为水蓝色行为特征的客户提供证据、样品、范例，让客户眼见为实。

客户：“这就是全部的介绍了吗？”

客户经理：“陈总，我想我说得再好，都是自卖自夸；您看，这是我们新产品获得的国家权威机构的质量认证，那些是我们在多次行业评比中获得的奖状。”

客户：“哦！”（客户在反复地看这些证书与奖状）。

客户经理："另外陈总，您的好多同行都用了我们这个新产品，并且非常满意；您看这是信达公司的万总给我们的书面评价，那是新城公司的崔总给我们的感谢信。"

客户："是吗！"（表情很惊讶）

客户经理："另外陈总，这本厚厚的手册上就是过去三个月我们这个新产品的交易记录，您可以看一下。"

这段沟通中，客户经理进行了三次 PSS 式的有形证据提供，不断提供客户看得到的证明材料，以满足水蓝色客户对细节与事实理性分析的要求。

四、草绿色行为特征客户：最需要引导的客户

四种不同行为特征的客户中，草绿色的客户最需要服务人士的主动"出击"。草绿色行为特征的客户特别缺乏安全感，他们往往缺乏主观性，优柔寡断。虽然从表面上看这类客户比较好相处，但在需求引导阶段，这类客户特别害怕变化，特别害怕做决定，特别害怕可能的风险。

因此，这就需要服务人士积极地通过沟通了解他们各方面的情况，根据他们的实际需求，主动地给他们提建议，而这种建议需要更多地从关心关怀的角度，以朋友般的口吻进行表达。服务人士特别需要与草绿色的客户在沟通中营造一种坦率交流信息和感情的氛围。在对草绿色行为特征客户的需求引导过程中，特别要关注两个关键词，即安全承诺，主动建议。

1. 关键词之一：安全承诺

草绿色的客户是最需要安全感的，之所以他们不愿意变化、不愿意做决定，比较优柔寡断，主要是因为他们害怕由于变化而失去安全感。服务人士在需求引导时，一定要对这类客户进行心理上的压力减缓和风险分析，以让他们建立足够的安全感，具体体现在：

（1）让客户理解你为支持和帮助他们而全力以赴，不遗余力。

（2）让客户理解你拥有兑现承诺与解决问题的足够资源。

（3）让客户知道你和其他客户合作的愉快经历和成功经验。

（4）让客户理解全部风险都是很小的而且是完全可控制的。

2. 关键词之二：主动建议

草绿色行为特征的客户，在做决定时特别犹豫、顾虑太多。因此，服务人士需要主动积极地提出建议，通过不断的建议来引导草绿色客户进行思考，激发其兴趣与参与。在给草绿色客户进行建议式引导时，要增加亲和度，扮演亲人和朋友的角色，而不要以专家的形象咄咄逼人地积极说服，因为这样会给草绿色行为特征的客户很大的压力并让他退缩。

客户："这个我会考虑一下的。"

客户经理："好的，买车这么大的事情，的确该好好考虑一下。因为我和您一样，也是抽烟族，因此我真的体会到有车子有天窗是多么重要。

客户："哦！"

客户经理："之所以我推荐您购买带天窗和真皮座椅的豪华版，是因为身边很多朋友就是在买的时候为了节省1万~2万元买了基本款，导致后来心里一直有遗憾。"

客户："是吗！"

客户经理："是啊，所以现在买这款车的客户，80%以上都选择豪华版了。"

这位4S店的客户经理对他所认为的草绿色行为特征的客户进行了主动建议，但他并未以卖方的身份进行引导，而是以"朋友"的角色，以"关切"的口吻，以"关心"的情感，来使客户充分的放松和放心。

五、不同特征客户运用不同的需求引导策略

了解了不同行为特征客户在需求引导阶段的表现，服务人士就需要采用针对性且差异化的需求引导策略（见图7-4）。让我们再回到之前的40多岁中年男性购买保健品的案例。

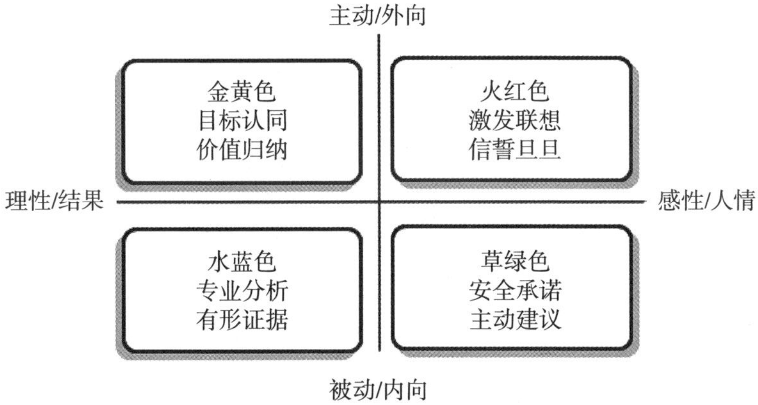

图7-4　四类客户的购买需求引导策略

不难发现，这位客户属于极其理性的水蓝色行为特征，服务人士的需求引导没有迎合和匹配这类客户的心理需求。

首先，服务人士没有识别出这个客户表现出的典型的水蓝色行为特征，因而没有在沟通中注重对产品进行专业的分析，他没有分析保健品的特征、功能、细节，等等，而是蜻蜓点水一带而过。同时，服务人士没有迎合水蓝色客户“眼见为实”的需求，没有提供对方所需要的证明、证据、材料等，激发其参与的兴趣。

第五节　四类行为特征客户的成交策略

一对母女在挑选翡翠挂件，比较了好几个不同的款式，服务人员李小姐已为其介绍了十几种不同的材质和型号。每介绍一种，顾客都客气地点头说好，但左好右好，总是拿不定主意，最后女儿终于为母亲挑中了一款“玉佛型”，女儿正欲去付款，母亲又犹豫了。

母亲："闺女，不要了，太贵，一个1000多呢！这可是咱们家三个月的伙食费了！"（母亲推托，女儿也有点犹豫了，李小姐见状，微笑着上前）

李小姐："阿姨，您说的价格没有错，但您真有福气！女儿这么孝顺，别人再有孝心，大多是自己到商场买，也不知道父母合不合适戴！您闺女就不一样，亲自带您来精心挑选！阿姨，真羡慕您！（赞美中暗暗推动，一次鼓励，帮助她拿主意，做决定）。大姐，您真孝顺，也很有眼光，这个玉佛不论是形状，还是材质，还有含义，都特别适合您妈妈这个年龄！"（转向女儿，赞美中再次暗暗推动鼓励！二次鼓励）

女儿："是吗?!"

母亲："东西是不错。"（语气不再坚定、信心开始动摇）

李小姐："阿姨，女儿有这个孝心。我给您看一下，这个月这个玉佛我已经卖出去30个了，这是销售记录！"（三次鼓励）。

母亲："您真会说话，那就买下吧。"

在这一场景中，这位母亲经过反复比较和选择，已经进入了做最后决定的成交阶段。从李小姐和母女的对话中可以看到，母亲的行为特征被她成功识别，并运用了针对性的成交策略，获得了成功。

更多销售与服务方面的案例表明，在客户进入最终的决策阶段时，不同类型的客户都会呈现不同的行为特点和表达方式。火红色的客户特别容易产生联想和想象，因此，成交时服务人士应侧重在对其右脑进行强化刺激，多运用右脑的柔性成交技巧。

金黄色的客户对自己的目的很执着，非常偏好结果导向。因此，在成交阶段服务人士更应注重对这类客户提供选择性结果，让他们自己做出决定。

水蓝色的客户格外注重逻辑性和缜密性，在最终做决定时特别犹豫、细致、拖延，服务人士在成交时更应运用左脑的柔性成交技巧，尤其是富兰克林法、异议扫除法等能帮助水蓝色类型客户进行快速分析判断的成交技巧。

而草绿色的客户则希望获得更多的支持和帮助，他们不敢做决定主要是害怕失去安全感，或者是习惯上愿意做跟随者而不是领头者。因此，对这类客户，既可以采用右脑成交技巧中的羊群效应法等进行从众性引导，又可采用左脑成交技巧中的小点成交法等策略，让他们逐步减缓做重要决策的压力。

总之，成功的服务与销售高手会针对不同行为特征的客户，制定不同的成交策略，并在实际运用中因“色”而售。

一、火红色行为特征客户的成交策略

当服务人士与火红色行为特征的客户建立了信任，并进行充分的购买需求引导之后，就可以找准时机来促成销售，针对火红色行为特征的客户，服务人士在选择成交方法时，需要注意：

1. 右脑强化

因为火红色行为特征的客户比较感性、容易冲动，习惯在建立信任后运用右脑进行分析判断。因此，服务人士不需要再次让这类客户陷入理性的分析比较，而应采用右脑的柔性成交技巧来进行心理引导，带动其做出决定。

在对火红色行为特征客户运用苏格拉底成交法时，要特别注重表现出足够的尊重，在引导对方说“YES”的过程中不断地进行赞美与认可，不能让这类客户产生“被牵着鼻子走”的感觉。

在运用假定成交法时，对于火红色行为特征的客户，一定要附加以美好的联想，以让这类客户产生冲动。而在使用猫和老鼠法时，则一定要找准这类客户的关键购买点，特别建议对关键购买点开始刺激之初，要进行试探性表达，产生效果之后再强化刺激。至于羊群效应法的表述，则需要多提供客户事实，少一些主观的结论，否则，这类客户有可能产生逆反心理。

2. 附加价值

当成交机会出现时，服务人士可以向火红色行为特征的客户，提供某些有附加价值的额外服务或者赠品刺激购买的欲望，并且这种额外的刺激一定要让对方感觉到是特殊的、个性化的，是对方的人格魅力所赢得的，而不是人人都可以得到的。特殊待遇法对于促进火红色行为特征客户的购买决定，是效果明显、针对性强、成功率特别高的一副良方。但在提供特殊待遇时，对于多变的火红色客户，一定要配套以 TMD 的限制条件。

3. 回避细节

面对火红色行为特征的客户，服务人士在成交引导时，在得到一个明确的购买决定之前，不要谈论细节问题，因为细节可能反而导致反感，火红色行为特征的客户注重的是人际关系的感受，对事他们是粗线条的，他们认为处理细节是服务人士的工作和职责。

4. 确保执行

火红色行为特征的客户，有时候往往热情来得快，去得也快，容易多变，执行力不够。因此，一旦确认购买行为后，服务人士一定要对执行的关键点进行一一确认，例如协议的签署、送货时间及方式、付款等。

5. 亲力亲为

哪怕在后续的跟进中服务人士会有其他部门或者同事来配合协助，但建议尽量亲自处理，不要在未经这类客户同意的情况下把事情交给其他人去办理。否则，火红色行为特征的客户会感到非常不受尊重。

二、金黄色行为特征客户的成交策略

当服务人士对金黄色行为特征的客户成功进行了购买需求引导之后，就可以找准时机来请求对方做出决定。针对金黄色行为特征的客户，服务人士在选择成交方法时，有以下注意点：

1. 选择成交

对于金黄色行为特征的客户，当对方显示购买的兴趣和欲望后，不用拐弯抹角，可诚恳坦率地向对方提出购买行为的建议，但需要采用选择成交的方法。金黄色的客户非常反感与抗拒服务人士只给他一个唯一的选项，这会被认为冒犯他的权威和逼迫他屈服。给金黄色客户选择的权利，让他获得掌控的感觉。

另外，左脑成交技巧中的富兰克林法、异议成交法以及小点成交法等，都适用于金黄色行为特征的客户。在针对金黄色客户运用富兰克林法时，最好是由服务人士列出购买决定的好处和坏处，再让客户做补充，因为金黄色客户可能会拒绝服务人士让自己一一写出购买决定好处与坏处的请求。而由于金黄色行为特征的客户非常强势，因此，在运用异议成交法时应尽量采用询问式表达而非请求式表达。

2. 适当让步

金黄色行为特征的客户非常强势，甚至有时是为强势而强势。因此，如果在成交阶段服务人士与这种类型的客户各不相让、锱铢必较的话，那对方必定会感觉威信受到挑战。服务人士需要准备好为可能出现的变化和让步作谈判。金黄色行为特征的客户有时候对成交要求附加条件，因此，服务人士要事先准备好可以让金黄色客户感受到权威和掌控欲得到满足的让步条件。

3. 备选计划

金黄色行为特征的客户非常有主见，对服务人士所提出的建议未必会采纳。因此，服务人士需要确保有一个预防出现意外的备选计划。一个针对金黄色客户的备选计划可以维护好客户关系，把成交任务留到下次完成。

4. 以退为进

金黄色行为特征的客户特别反感的成交方式是压迫式成交，逼迫他们在既定的时间内做决定。因此，当服务人士发现这类客户的抗拒非常明显时，就需要以退为进，主动给他时间考虑选择。

三、水蓝色行为特征客户的成交策略

当服务人士对极其理性的水蓝色客户进行了需求引导后，就需要考虑对这类行为特征的客户，用怎样的成交技巧和成交方式是行之有效的。针对水蓝色行为特征的客户，服务人士在选择成交方法时，需要注意以下环节：

1. 异议扫除

对于水蓝色行为特征的客户，重点不在于成交的技巧，而在于成交的基础，那就是异议的扫除。一旦把这类客户的疑虑与不信任消除了，服务人士甚至可直接请求对方购买，但说话语调要平和婉转。

2. 左脑成交

对于水蓝色行为特征的客户，柔性成交的左脑技巧都可以产生良好的效果。富兰克林法可以帮助这类客户整理归纳思路，加速其购买决定；小点成交法可以帮助水蓝色行为特征的客户把做重要购买决策的组成要素一一确认，这对这类特别注重细节的客户也非常适合。而在运用选择成交法时，对这类客户，不仅要提供可以选择的结果，更要提供这些可供选择结果背后的细节和事实。

3. 细节谈判

服务人士要做好充分的思想准备，水蓝色的客户很可能会在一些合作与购买的细节上进行较长时间的沟通与谈判。在这个时候，服务人士一定要有足够的耐心和细心。一旦稍有不注意，可能会导致水蓝色客户疑虑与不信任的增加。

4. 关注价格

水蓝色行为特征的客户，是四类客户中对价格最敏感的，最容易讨价还价的，因此，服务人士要对如何应对这类客户的讨价还价做好充分的准备。

5. 争取承诺

水蓝色行为特征的客户特别容易拖延，疑虑特别多，而且会要求提供尽量多的证据。因此，服务人士在时机合适的时候，要努力争取他们的承诺，以避免这类客户喜欢拖延或以后要求更多的证据。即使是一些口头承诺或者非正式承诺，也是服务人士努力向这类客户去争取的。水蓝色客户做出的承诺，哪怕是非正式的，轻易改变的可能性也要远远低于火红色行为特征的客户。

四、草绿色行为特征客户的成交策略

草绿色行为特征的客户最怕做决定，最担心风险和安全感的缺失，服务人士在针对这类客户的成交引导时，需要注意：

1. 分步成交

草绿色行为特征的客户需要安全感，不希望被压迫。因此，不要直接地要求购买，不要催促；否则，反而会让他们退缩。对这类客户，如果这次购买行为让对方很有压力的话，可以使用分步成交方式，就是把一次购买行为分几个阶段完成，让草绿色行为特征的客户可先尝试体验第一阶段，这样可缓解压力。

2. 安全成交

草绿色客户的成交引导最大的挑战在于给其安全感。因此，右脑成交技巧中的羊群效应法可以让这类客户安心地做跟随者。而苏格拉底法也能通过不断让这类客户说 YES，从而让他们的左脑放松警惕，右脑产生安全感。富兰克林法尤其能帮助这类客户分析可能的风险和坏处，而小点成交法则能消除草绿色行为特征客户的不确定感。

3. 参与决策

草绿色行为特征的客户，内心不够强大，缺乏做决定的勇气和改变的勇气。因此服务人士可以想办法让其身边的人参与决策，通过其信任的人来引导与影响他。

4. 鼓励强调

草绿色行为特征的客户需要被保护。因此，在成交时要强调能采取的担保行为，强调会落实一切他所关心和担心的事项，扫除其不安。仔细倾听这类所担心的事，即使那些事其实并不重要。

五、不同特征客户运用不同的成交策略

了解了不同行为特征客户在成交阶段的表现，服务人士就能采用针对性和差别化的成交策略。研究表明，大量成交失败的案例最主要的问题来自于客户的行为特征与服务人士运用的成交策略不匹配（见图 7 -5）。

让我们再回来分析李小姐引导母女购买翡翠的案例，不难得出以下四个结论。

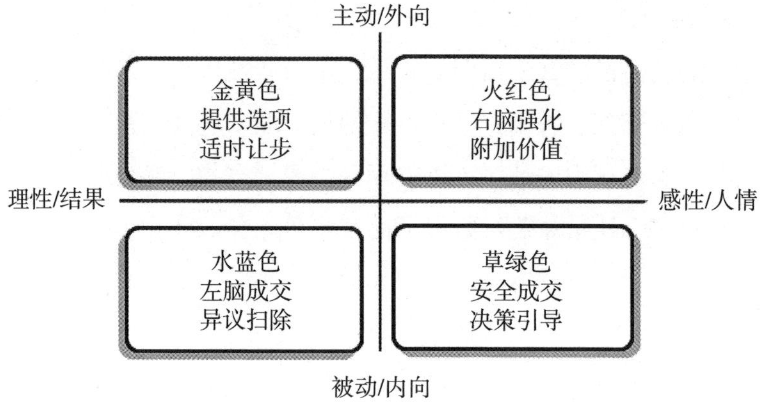

图7－5　四类客户的购买成交策略

（1）作为主要客户的母亲属于草绿色行为特征，因为她多犹豫、决策慢、优柔寡断。

（2）李小姐首先对顾客进行了三次鼓励和效果担保的引导，因为草绿色行为特征的客户，特别需要引导和鼓励，特别需要消除安全感。

（3）李小姐让母亲的女儿参与决策，目的是通过女儿的认可与行动来引导优柔寡断的母亲。

（4）最后，李小姐采用了羊群效应成交法，利用母亲的从众心理最终促成了购买。